——幼儿美育的创新实践和探索

周敏莉　著

上海教育出版社
SHANGHAI EDUCATIONAL
PUBLISHING HOUSE

序

　　如果有了"爱"和"美"，无论做什么，都会带来次序与和谐。"爱"是教育的根本，那"美"就是助力教育的手段之一了。

　　认识周敏莉园长，也是因为对"美"的趋同。第一次去东方锦绣幼儿园，我在园所发现了不少熟悉的色调和美创空间，这源自周园长对我所在的安庆幼儿园环境的认同。之后有机会和周园长进行多次专业互动，在课程领导力行动项目中研究碰撞，也愈来愈感受到东方锦绣幼儿园"美在生活"的特质。

　　这本书涵盖了周园长从创办东方锦绣幼儿园开始致力于美育教育研究的专业经历，也呈现了美育活动从"美术＋技术"到"生活＋多元"的过程。

　　一个美术起始的育人理念：艺术是种独特的存在。

　　东方锦绣幼儿园从美术教育的起始，引发了对"艺术"这件事的探讨，"关于美育那些事"，告诉我们源于美的艺术可以为幼儿提供一种独特的审美体验，为幼儿带来内在的满足感和愉悦感，激发创造和想象，通过艺术活动和体验，儿童可以表达自己的情感、思想和观点，并培养自信心和自我价值感。看起来似乎没有实用性的美育，可能是幼儿未来世界观和价值观的基础。艺术可以不受任何功利性质的限制，超越时间和空间的限制，成为学校教育的一种独特的存在。

书中阐述的新时代背景的美育走向，无疑指向了艺术的独特和对儿童发展的价值。我逐渐感受到文字中努力想描述的内核：最伟大的艺术是生活的艺术，而关系就是一种生活的艺术，幼儿园则是儿童缔造关系的人生第一个社群，在这个社群中开展美育、艺术创作，可能就是儿童未来发展的一个美好开端。

一个美育为载体的育人过程：感知"人之所以为人"的特质。

全书用了大量篇幅描述了"童年艺术馆"的创建和实践过程，我可以看到儿童馆的创建除了针对艺术创作是高级、复杂、抽象，甚至更神奇和神秘的劳动特点外，更考虑从儿童创作视角的环境供给，这是一个完全以自我表达为形式的个性张扬的过程。

学前幼儿的课程逻辑是生活经验，作为课程一部分的美育也需要勾连生活经验。在书中可以发现周园长和其团队的关于美育教育的理念在实践中被延展。"美在生活"的目的是"美哉生活"，如果不能从生活中体验、发现美，道德情操、精神品格就只是空中楼阁。东方锦绣幼儿园关于美的那些活动就嵌入在艺术、自然和生活中，幼儿园俨然成了幼儿艺术探究和创造表达的场域。

一个悄悄涵养未来人格的行为：温润幼儿向善的心灵。

书中特别有趣的是幼儿艺术创作的案例。幼儿从儿童视角用艺术创作"加持"过的幼儿园大楼转角处，"遇见大师"的户外莫奈花园，生活场所的每个小物件都成了创作素材，这些随处可见的作品，让我感受到艺术在引发幼儿原始且珍贵的审美冲动上的作用。对幼儿而言，艺术是平衡智力与情感的必要元素，艺术创作是自我阶段性的整理与表达，幼儿可借此表达感受、舒解情绪，艺术很可能就意味着塑造一个快乐且适应性强的个体。这些有趣的案例发生在幼儿园的每个角落，帮助幼儿不断在活动中探索自己的身份，理解自己所属的群体和社会，这个社会属性对幼儿未来的成长具有重要价值和意义。

教育启善，美育良善，这些关注儿童主体的美育活动，内隐了情感敏感性、审美价值观、合作精神、创造力和自信心等方面，有助于扬善和培养儿童的良好品德、道德素养，更可以激发儿童的关爱和关注他人的能力，也为儿童未来成为有社会责任感的公民奠基。

阅读这些尝试让儿童感受"美的力量"的文字，让我体会到东方锦绣幼儿园的美育，正在努力寻求一种突破：不是为了持续地增加"已知"，而是在童年艺术创作中秉承"清澈"的价值观，让儿童拥有关怀、慷慨、善良和友爱，点亮自性之光。

艺术是一件个性且有趣的事情，美育是一个描述和解放心灵的学习过程，而儿童的教育又高度依托生活场域，也许我们能将儿童对美的那些理解和感受，与那片叫作真实生活的巨大领域产生更多的勾连，形成培养儿童未来完整人格的生活和学习方式。

与周园长共勉，美哉生活，美在心灵！

上海市特级园长
上海市静安区安庆幼儿园园长

目　录

第一章

幼儿美育这些事

第一节　幼儿美育从何而来

18世纪90年代，"美育之父"席勒（Schiller）发表《审美教育书简》，第一次将"美育"这一概念引入人类教育的理论视野。他深刻批判了现代文明对人性的戕害，特别是分工、物化造成的知情意的分裂和人性的碎片化与异化，探索通过审美教育恢复人性的完整和谐。在席勒看来，审美作为感性与理性的统一，具有沟通知情意、完善人性的功能，因此美育能够使人摆脱碎片化和异化，走向人性和谐。①

中国现代美育开启于20世纪初，王国维、蔡元培从西方引进了较系统的美育理论。他们采用西方近代哲学通用的"心理三分法"，把个体心智划分为智、情、意三个方面，由此建立"智育""美育"和"德育"的概念，并把它们与"体育"一起纳入全面教育的整体之中。他们都从"无利害性"入手，主张以审美来培养国人纯正的情感和心灵。例如，王国维认为美育的根本任务在于发展无个人利害计较的情感，"盖人心之动，无不束缚于一己之利害；独美之为物，使人忘一己之利害，而入高尚纯粹之

---

① 弗里德里希·席勒.审美教育书简[M].冯至，范大灿，译.上海：上海人民出版社，2022.

域，此最纯粹之快乐也。"① 与此相近，蔡元培也提出美育的功能在于去除个人的私欲，达到人与人关系的普遍协调和谐，"纯粹之美育，所以陶养吾人之感情，使有高尚纯洁之习惯，而使人我之见、利己损人之思念，以渐消沮者也。盖以美为普遍性，决无人我差别之见能参入其中。"② 由此可见，他们都很强调美育对于人的情感培育的功能。

如果再往前回溯，中国美育的源头其实是以孔子为代表的儒家美学思想。孔子提出"兴于诗，立于礼，成于乐"的审美教育思想，倡导用美的力量陶冶人的性情，并使之形成理想人格。

第二节　当下幼儿美育的现状

虽然美育的历史来源已久，但当理念落实于实践层面，特别是幼儿美育实践领域，不乏各种怪现象。比如，南京师范大学孔起英教授认为，当前幼儿艺术教育实践尚存在以下观念与做法上的误区：

第一，艺术教育价值与目标定位上忽略艺术本体能力的培养。在艺术教育的价值与目标的把握上，当前我国幼儿艺术教育中常常把艺术技能的习得、艺术知识的积累作为艺术教育的主要目标；把审美教育仅仅作为德育、智育的工具与手段，较多地挖掘审美对象真与善的内涵，强调"辅德

---

① 王国维.论教育之宗旨［M］//王国维文集：第三卷.北京：中国文史出版社，1997：58.
② 蔡元培.以美育代宗教说［M］//蔡元培全集：第七卷.杭州：浙江教育出版社，1997：60.

与益智"功能，忽略了幼儿的感知与体验、想象与创造等本体的艺术能力的培养。

第二，艺术教育内容选择上重技巧学习。在艺术教育的内容选择上，强调学科知识体系的逻辑性，重视艺术模仿教育，把技能、技巧的训练放在首要位置，忽视幼儿自身特定的生活经验、愿望与情趣。

第三，艺术教育方法运用上忽略幼儿内在的体验。在艺术教育的方法上，艺术欣赏活动以艺术作品为中心，强调创作者原意或教师观点的权威性，强调对作品内容的记忆，忽略幼儿自主的感知与情感体验，忽视通过形式语言的意味来理解作品内涵，忽略幼儿与审美对象所进行的平等的心灵对话，久而久之，幼儿只有对教师及其知识的认同，自己没有对审美对象的直接感知和体验，更没有对艺术的兴趣，审美素质的培养成为一句空话。在艺术创作过程中，强调教师示范与幼儿模仿，美术学习运用简笔画进行示范模仿，舞蹈学习只是一遍又一遍地模仿教师的动作，把幼儿对审美对象的体验、想象与表现等同于科学事实的准确呈现。①

还有学者从美育课程的要素角度出发，归纳当下幼儿美育存在的不足表现有：（1）从美育目标看，重视艺术知识技能掌握，忽视情感体验、性情陶冶和心灵润泽；（2）从美育内容看，不同程度体现重艺术美，轻自然美和生活美的狭隘化倾向，而且大多由教师遴选和确定，幼儿缺乏自主选择的权利；（3）从美育方法看，虽然从教师示范、幼儿模仿升级为情境创设、启发讲解、互动演示和游戏练习等貌似生动愉悦的方法，但教师的预设和牵引贯穿始终；（4）从美育评价看，注重结果忽略过程、注重标准忽视个性、注重技能忽视情感、注重教师评价忽视幼儿和家长评价等问题依

---

① 李季湄，冯晓霞．《3—6 岁儿童学习与发展指南》解读［M］.北京：人民教育出版社，2013：158—159.

然显现。①

　　简而言之，幼儿美育活动更多时候是裹着美的糖衣，利用美的形式来吸引幼儿，导致美育的浅表化和狭隘化。美育本应是教育的和谐形式，其教育内涵的丰富性，支持体系的多边性和联动性是教育工作者所应求索的关键。美育不应被简化为艺术活动，更不应被矮化为德育和智育的推手或是学校教育的点缀，美育应该是家庭、学校、社会共同参与的、教育者与受教育者在审美和立美过程中和谐共生的人格教育和终身教育。

第三节　新时代背景下的幼儿美育走向

　　进入社会主义新时代，中国社会的发展已经从主要关注物质层面的丰富转向关注物质层面的丰富与精神层面的升华两者并重的新阶段。我国社会的主要矛盾已转化为人民日益增长的美好生活需要和不平衡、不充分的发展之间的矛盾。在这个阶段，人们有一个显著的变化，就是从以财富多寡来评判生活的幸福度，到以更为多元的表征来评判幸福，比如文化生活的丰富、精神提升的需求、审美化的生活等，上述这些软性因素对生活幸福度的影响更大了。因此，追求一种更为美好的生活方式，提升审美素养，已成为人们的普遍需求。

　　审美作为一种社会文化，美育作为提升国民素养的重要抓手，事实上已经被提升到了国家战略高度。自党的十八大以来，学校美育工作受到高度重视。2015 年 9 月，国务院办公厅印发《关于全面加强和改进学校美

---

　　① 　吴丽芳. 学前儿童美育的和谐共生与诗意行走［J］. 福建教育，2022（38）：8.

育工作的意见》。2020 年 10 月，中共中央办公厅、国务院办公厅印发《关于全面加强和改进新时代学校美育工作的意见》（以下简称《美育工作意见》）。《美育工作意见》强调，"以立德树人为根本，以社会主义核心价值观为引领，以提高学生审美和人文素养为目标，弘扬中华美育精神，以美育人、以美化人、以美培元"①。

审美，从根本上来说，是一种人的生存方式。这不仅是由于人的基本活动是生存活动，也是由于审美的最终意义在于它的人生价值。因此，现代美育要抓住这个基本意义，重新确认审美和美育的应有之义，即关注人的全面发展，促进人格完善，获得对人生的关切，对生命的关怀。

从美育的内在特征来看，审美育人过程主要不是以思维为特征的认识过程，也不是物质性的实践过程，而是表现和升华情感、激发个体的生活活力、发展创造性、开启心智、养育性情的体验过程。所以，只有把审美作为一个与人的生存发展、与人的个体生命活动直接相关的范畴，才可能真正揭示现代美育的应有之义。②

学前教育作为学校教育的奠基阶段和国民教育体系的重要组成部分，幼儿美育也成为重要的改革阵地。一直以来，美育（艺术教育）也是幼儿园保教工作的重要内容。《幼儿园工作规程》（以下简称《规程》）专门提出了"培养幼儿初步感受美和表现美的情趣和能力"的保教目标。在 2001 年颁布的《幼儿园教育指导纲要（试行）》和 2012 年颁发的《3—6 岁儿童学习与发展指南》中，都在艺术领域阐述了学前美育的目标、内容、要

---

① 中共中央办公厅，国务院办公厅 . 关于全面加强和改进新时代学校美育工作的意见［EB/OL］.（2020-10-15）［2023-08-15］. https://www.gov.cn/zhengce/2020/10/15/content_5551609.htm.

② 杜卫 . 美育论［M］. 北京：教育科学出版社，2000：16.

求等。对照《美育工作意见》中对美育目标和美育内涵的新定位，事实上学前艺术领域教育已经无法完全回应新时代学校美育体系构建目标和要求。

为此，基于新时代《美育工作意见》要求，以"提升审美素养、陶冶情操、温润心灵、激发创新创造活力"为原则，以建构一体化的学校美育体系为目标，把《美育工作意见》提出的"学前教育阶段培养幼儿拥有美好、善良心灵和懂得珍惜美好事物"作为美育的重要目标凸显出来，重新审视幼儿美育的价值以及实践措施，探索新时代背景下的幼儿美育新样态。比如如何将跨越时空的中华优秀传统文化的思想理念、价值标准与审美风范转化为幼儿园教师的精神追求和行为习惯，携手家庭和社区共同营造追求美的社会风尚，在幼儿一日生活中浸润美的元素，哺育幼儿的审美与人文素养，温润幼儿美好心灵，涵养幼儿健全人格。

第四节　幼儿美育的概念与内涵

美是生活中无处不在的客观现实，但这却不等同于人人都能发现美，都能正确地认识美。尽管爱美是人的天性，但是爱美之心有很大的自发性，必须在此基础上养成积极的审美观念、健康的审美情趣和能力，才能感受和理解自然美、艺术美和社会美。也就是说，我们需要通过一种专门的教育，用特定的途径和手段对人们进行审美教育、美感教育，这种教育就可以称为美育。

美育有狭义与广义之分。狭义的美育，指通过美学知识、观念、技能等的教育和实践，来提升个体的审美常识、审美素质，培育基本的审美观、审美情趣、审美能力等。广义的美育，指通过对自然、艺术、生活等审美实践活动，培育个体的审美态度，提升审美趣味，陶冶其审美人格，涵育审美化的生命。①

幼儿美育是美育的一个组成部分，但不是成人美育的下移，幼儿美育有其自身的教育特点、规律和要求。楼昔勇认为，儿童美育是以现实生活和艺术领域中无比生动、丰富的美作为手段来滋润幼儿的心灵，美化幼儿的性格，提高幼儿的审美能力，从而使他们的身心得到健康、全面的发展。②洪维认为，幼儿美育是一种人生启蒙性质的教育，是根据幼儿特点，利用美的事物和丰富的审美活动来培养幼儿初步感受美、表现美的情趣和能力的教育，是以现实生活和艺术领域中无比生动、丰富的美作为内容，以各种幼儿感兴趣的活动为手段，达到丰富幼儿情感世界，提高幼儿审美水平、审美情感，使幼儿得到全面、健康发展的教育活动。③

两位学者对美育的概念界定都体现了两个方面的特点：第一，幼儿美育以现实生活和具体的艺术表现形式为手段，其对象是具象化的。第二，幼儿美育以幼儿身心全面发展为目标，重在引导幼儿感知美、表现美和创造美。

在此基础上，我们认为，对幼儿美育的认知应该进一步从形式美育走向实质美育，应该从艺术教育走向综合教育。具体而言，幼儿美育，不应该过早给予艺术知识技能的规约，应当充分发挥美育的情感教育功能，着力通过引导幼儿对自然、生活和艺术审美对象的移情，激发幼儿感受美、体验美、表现美和创造美的情趣，在支持、鼓励幼儿积极参加各类美育活

① 金雅，郑玉明.美育与当代儿童发展［M］.杭州：浙江少年儿童出版社，2017：11.
② 楼昔勇.幼儿美育［M］.上海：华东师范大学出版社，1992：3.
③ 洪维.美学基础与幼儿美育（第二版）［M］.上海：复旦大学出版社，2017.

动并大胆表现的同时，肯定和悦纳每个幼儿独特的审美感受和创意表达，并根据幼儿的个性特征和成长需求，适时适宜地引导他们尝试用不同的方式和技能表达自己的认知、情感、理解和想象，逐步实现审美素养的提升和健全人格的形成，通过情感的陶冶、感性的解放来促进幼儿的发展，使幼儿真正成为全面的人。

第五节 美育对儿童发展的价值

美育对于儿童发展的价值和意义，可以从以下方面来理解。

首先，美育强调教育方式的整体、感性、柔和，更为贴合幼儿的身心发展特点。中国古典教育偏向道德教育，突出了人的社会伦理角色。西方现代教育侧重智力教育，凸显人的工具理性。这些教育模式各有特点与长处，但片面地强调与实施，会造成忽略受教育者生命的整体性、独立性、主体性、创造性、自由性等偏畸，特别是忽略了生命存在本身的完整感、价值感、幸福感。①儿童身心的生理特征和精神特征较多地保留了人的生命的自然本性，拥有较为原始的感受力、想象力、创造性等，这些与美的特性具有天然的联系。而美育具有完整性、和谐性的特点，相较于道德教育和智力教育偏重规范和约束的方式，更为适合幼儿的身心发展特征。

其次，美育能够满足幼儿的精神生活需要。幼儿成长需要吃饭、睡觉，这是一种物质性的生活。幼儿也需要精神性生活，参与美育就能够带给幼儿这种精神成长性的满足。它是一种没有直接功利性的、以活动过程

---

① 金雅，郑玉明 . 美育与当代儿童发展［M］. 杭州：浙江少年儿童出版社，2017：11.

本身为目的的需要的满足。无论是绘画、音乐、舞蹈还是游戏，幼儿专注投入其中，其内在生命都得到了滋养。

再次，美育可以帮助幼儿以更完整的方式来理解世界。人类把握世界有两种方式，一种是理性的，一种是感性的。幼儿在美育中所经历的，恰恰是一种感性的方式，主要包括想象、幻想、直觉、灵感、猜测等，其特点是非逻辑的、无固定秩序和操作步骤的。而这种直觉、想象、顿悟的感性思维方式有别于通过科学认知等领域的学习所发展起来的那种逻辑的、程序性的理性思维方式，只有两者相辅相成，才能使幼儿整体地、更完美地理解世界。[①]

最后，美育对于幼儿的全面发展也有着不可忽视的作用。主要体现在以下方面：

（1）美育可以促进幼儿审美能力的发展。个体在生命之初对世界的感知是混沌的，他们会基于本能对外界印象产生应激性反应，并由此形成初步的经验。对物体某一性质的偏好构成了他们感知美的起源，但这种感知还没有经过认知的加工，此时他们还不能理解美的含义。对他们开展美育则可以逐步引导他们认识什么是美，理解美的要素和表现形式，以及基于自我认识和内在需要逐步去表现美和创造美。[②]

（2）美育可以促进幼儿认知经验的发展。任何一种美的表现形式都具有相应的载体，采用不同的载体来开展美育实践，就是在美育本体功能之上拓展幼儿的认知经验，这两者是同时发生的。比如，幼儿画荷花，就会观察荷花的结构，了解荷花的颜色、外形特征等要素，在此过程中不知不

① 李季湄，冯晓霞.《3—6 岁儿童学习与发展指南》解读［M］.北京：人民教育出版社，2013：153.

② 王飞.以美育人：幼儿园美育的综合视域［J］.学前教育研究，2022（6）：87.

觉地增加了对荷花的经验。

（3）美育可以促进幼儿人格和精神的发展。人类对美的追求绝不仅仅停留在声色层面，它还进一步深入个体的道德和精神层面，其最终的追求是人类个体感性与理性、行为与精神的内在统一。美育虽然以促进个体的审美发展为中心，但这种发展本身就有助于全身心的发展。幼儿美育引导幼儿从行为层面去判断善恶美丑，去寻找身心和谐发展与心灵解放的路径。

综上所述，美育之于儿童发展，不是工具和媒介，而是儿童精神发展中的核心要素。结合新时代特点，我们需要尊重儿童发展的特殊规律，关注幼儿美育的具体特点，探索幼儿美育的方法和途径，培养幼儿的审美素养，陶冶幼儿的审美人格，从而帮助幼儿达到人格的完美。

第六节　幼儿美育的三个"注重"

实施幼儿美育时，要注意三个"注重"。

一、注重形象生动

形象性是美的基本特点，无论是自然美、艺术美还是生活美，总要通过一定的形象表现出来。对于幼儿，随着经验的增加和语言的逐步丰富，其思维也有了一定的发展。但是，幼儿的直觉性思维特质决定了这一阶段的幼儿仍然依靠具体形象和表象来进行审美。因此，在美育中，教师不能脱离幼儿的认知和思维发展特点向他们灌输抽象的概念。幼儿美育的内容、形式和方法仍需体现形象性的特点。

无论是来自大自然、日常生活还是艺术品，提供给幼儿的审美对象都需要具有鲜明的形象。对幼儿来说，直观形象可以是具体化的视觉形象，比如自然中的花草虫鱼或者一幅美术作品，也可以是听觉形象，甚至是味觉。虽然听觉和味觉不能以可见的形式呈现在幼儿眼前，但通过直接的感官接触，同样可以让幼儿领略到其中的美。比如，幼儿喜欢的儿歌通常会有鲜明的节奏和韵律，童话中常会有拟人化的动物角色，文学作品中有大量突出声音、色彩、形象的语汇的使用，目的都是为了突出形象，从而让幼儿更好地感知美。

二、注重情感体验

幼儿在审美活动中可以不受现实生活各种常规的约束，自由展开想象，产生一种以情感愉悦为主调的心理状态，其主要内涵是情感的体验、满足和愉悦，并由情感的愉悦达到精神的自由。

幼儿美育应该顺应幼儿发展特点，寓教于美的享受之中，始终把对幼儿的个性、情感的尊重放在首位，强调在幼儿精神获得满足和愉悦的同时，培养其对美的感受能力，提高审美情趣。因为在幼儿阶段，幼儿的情感正处于逐步发展的重要时期，其情感体验也在逐步丰富，寓于情感的美育对幼儿情感发展会起到推动作用。

比如在幼儿涂鸦绘画中，教师不仅要倾听幼儿绘画的内容，也要关注幼儿在绘画过程中投入的情感。又比如在欣赏一首乐曲时，让幼儿沉浸于乐曲营造的氛围中，尽情舞动，释放自己的情感。

三、注重游戏互动

幼儿的兴趣往往源于一种对新鲜事物的自发的探索冲动，而受自发性驱使的美育过程往往充满活力、趣味无穷，幼儿能够全身心地投入其中。

这一忘我境界的到达，不是靠外在的控制，而是靠幼儿个体在自由、放松的环境下个性化的探索和尝试。美育正是因为鼓励这种个性化的探索和尝试而显得趣味盎然，使得幼儿积极主动投入，乐此不疲。这种存在个体差异的、注重过程本身的、自由的探索和尝试，都很类似于游戏。比如，幼儿在纸上涂鸦、随口哼唱，这就是一种自然而然的游戏。

总结以上，实施幼儿美育时要注意以下几点：

第一，用具体鲜明的形象去引导幼儿直接感受美，而不要求对美的形象从逻辑上进行过多的分析和理解。

第二，以培养幼儿审美的情感为主，而不是以培养审美观念、概念为主。

第三，以培养表现美的兴趣为主，而不以训练技能、技巧为主。①

---

　① 洪维.美学基础与幼儿美育（第二版）[M].上海：复旦大学出版社，2017：150.

第二章

美在生活：
幼儿美育的创新实践样态

第一节 "美在生活"的理论依据

东方锦绣幼儿园提出"美在生活"的美育理念，一方面是呼应新时代发展背景下对幼儿美育的新要求，另一方面是基于对前人已有的美育相关研究的梳理和学习，博采众家之长，包括从中国传统美学中寻找美育之本，还有学习陈鹤琴先生提出的"生活艺术化"美育理念，并吸纳了美国教育学者杜威提出的"艺术即经验"的美育理论精髓。

一、中国传统美学

把审美当作人的一种生存状况、一种人生境界，是中国美学的一大特点。中国传统美学一直与人生哲学内在联系，其核心问题不是美为何物，而是审美对人生有何意义，是人的生存如何实现艺术化、审美化，是人如何借助艺术和自然景观来达到生命的完美和精神的自由。由此我们可以说，在中国美学中，当我们谈审美，其实是在谈我们应该如何生存和生活。

孔子曾说："知之者不如好之者，好之者不如乐之者。"(《论语·雍也》)"知"即懂的道理，"好"即喜欢，"乐"即以此为快乐。"知"与"好"均外在于个体生命，是人对客体的一种服从或追随，所以是外在价值；唯有"乐"，才是个体生命得以实现的生存状态，是人把外在的法则转化为自身的需要，从而获得内在的自由。孔子又说："兴于诗，立于礼，成于乐。"（《论语·泰伯》）所谓"成于乐"，本质上是一种以"仁"为核心的审美化、情感性的人生境界，是内心自由的生存状态，是个体在与社会的和谐融洽之中实现的完满。所以，孔子又说："至于道，据于德，依于仁，游于艺。"（《论语·述而》）这个"游"不正是"从心所欲，不逾矩"的自由状态吗？

值得注意的是，在孔子这里，个体审美化生存（即"乐"）的境界可以在许多方面得以实现。比如闻《韶》乐"三月不知肉味"（《论语·述而》），是通过艺术欣赏达到的。"浴乎沂，风乎舞雩，咏而归"（《论语·先进》），"知者乐水，仁者乐山"（《论语·雍也》），是从自然、游历中达到的。"一箪食，一瓢饮，在陋巷，人不堪其忧，回也不改其乐"（《论语·雍也》），是从日常生活中达到。这里体现了孔子的一个重要思想，即以主体的创造性来实现人生各个方面的审美化。

孔子的美学思想影响了之后中国美学和艺术创作实践，追求生活之艺术化，强调艺术的人生价值已成为中国美学与艺术的主导精神。写诗作画的真正意义在于创造一种神情飞扬、气韵生动的心灵境界，审美欣赏的美妙之处在于"骋怀""畅神"，使个体精神跃入自由闲适的状态。审美的最根本价值不是外在的，而是内在的对人生的感受与体悟，在于为个体生存开创一个新境界。

在中国人的生活中，审美境界不仅得之于艺术活动，而且得之于日常生活，来源于生活的艺术化。这种生活的艺术化也不是外在的修饰，而在于用洒脱的审美态度来待人接物，在于人的内心世界的解放。于是，王羲之发现了山阴的山水之美；阮籍独自驾车狂奔，又为穷途痛哭而返；支道林放鹤归林；王子猷乘兴访友，至门前不入而返……平淡的生活由此变得脱俗而大放异彩，个体的生存于是充满诗意。离开了对人生的关怀，离开了审美、艺术与人的生存发展的直接联系，美育理论和实践不仅将丧失其最根本的意义，而且同我国优秀的文化传统也是格格不入的。①

我们可以把中国古代注重人的生存和人生境界提升的美学思想称作"人生艺术化"思想。人生艺术化思想是一种充满了人文关怀的美学思想，也是一种以审美或艺术精神为根本价值取向的人生观，其精神实质是追求一种摆脱了世俗价值观念、充满个性生命情趣的生存状态。②

二、陈鹤琴的"生活艺术化"

陈鹤琴认为，美育不同于科学，它是一种轻松愉快的、人人愿意接受的教育，是面向所有受教育者，以培养会审美的普通人为目标的。陈鹤琴认为，儿童美育的目的不是培养艺术家，而是使儿童通过艺术学习，养成艺术兴趣，培养良好的艺术趣味，从而丰富、美化自己的日常生活。

艺术教育包括艺术的形式技能方面的教学训练和艺术人格的陶冶两方面内容。较之于儿童能否拥有艺术形式上的创造技能，更重要的是儿童能否养成艺术的人格，并能在生活中追求艺术化、审美化。比如音乐教育中的声乐教育，陈鹤琴认为，它一方面是身体发音器官运动的歌唱技术，一方面是从内心而发的音乐精神的活动——想唱、要唱。而前者即歌唱的技巧和技术，在陈鹤琴看来不是最重要的，后者"从内心而歌的精神活动才是第一要义"③。音乐教学的最终目的，是让儿童的性情通过音乐的熏陶达到"至精至纯的陶冶，以至于引导儿童以快活的精神来创造自己的生活"。④

---

① 杜卫.美育论［M］.北京：教育科学出版社，2000：18.
② 杜卫.美育论［M］.北京：教育科学出版社，2000：18.
③ 陈鹤琴，北京市教育科学研究所.陈鹤琴教育文集［M］.北京：北京出版社，1983：400.
④ 陈鹤琴，北京市教育科学研究所.陈鹤琴全集：第四卷［M］.南京：江苏教育出版社，1991：457.

　　陈鹤琴提出了著名的"活教育"理论，要求打破学校围墙，让学校的课程教学到大自然、大社会中寻找"活教材"，努力打通学校教育和儿童生活的关系。陈鹤琴认为，要根据幼儿的环境以幼儿的生活为中心来教学，要求教师要充分利用幼儿周围生活中熟悉的、感兴趣的自然现象、社会环境对幼儿进行教育，让幼儿了解生活、了解自然，到实践中去学习知识、积累经验，寓教育于幼儿生活之中。因为儿童的日常生活中原本就充满了各种艺术因素，艺术几乎就是"儿童生活中的灵魂"①。因此，艺术教学的教材和内容完全可以从儿童的生活经验出发，尽量贴近儿童的生活。这样既能就地取材、因地制宜地开展教学，又有利于儿童的学习接受，教学、教育的效果才能良好。

三、杜威的"艺术即经验"

　　约翰·杜威（John Dewey）是美国著名的实用主义教育家，也是对中国教育产生深远影响的西方学者之一。在学前教育领域，人们对杜威的"儿童中心论""教育即生活""教育即生长""教育即经验的不断改造""学校即社会"等思想并不陌生。然而，与其哲学思想和教育思想不同，大家对"艺术即经验"这一杜威晚年核心的美学思想却并未给予应有的重视。"艺术即经验"思想集中表现在杜威的美学著作《艺术即经验》（1934年出版）一书中，虽然杜威在这本美学著作中未直接谈及艺术与教育的关系，但其对"经验""艺术""生活"等核心概念的讨论，能够帮助我们深入思考什么是艺术，什么是审美经验，如何实现日常生活审美化等根本问题。

　　"艺术即经验"（art as experience），直译过来就是"作为经验的艺

---

① 陈鹤琴，北京市教育科学研究所.陈鹤琴教育文集［M］.北京：北京出版社，1983：399.

术"。杜威指出，经验是伴随着交互作用的过程不断生成的，它是动态发展的。杜威把经验的圆满视为艺术的特征，认为当经验达到了一定完满程度的时候，就可以被称为艺术。在日常生活中，由于精力不集中、惰性以及各种外在干扰或压力，人们的经验常常会中断、转移，得不到完满的实现。这时候虽也有经验，但这种经验是松弛、散漫的。杜威认为，"我们在所经验到的物质走完其历程而达到完满时，就拥有了一个经验"。① 一个经验是一个完整的过程，是个体一次完整的生活经历。同时，一个经验是一个整体，其中包含了理智、意志、情感和行动。杜威指出，能获得一个经验的活动就具备了审美的性质，当一个经验变得清晰而强烈时，它就成了审美经验。

杜威坦言："审美既非通过无益的奢华，也非通过超验的想象而从外部侵入到经验之中，而是属于每一个正常的完整经验特征的清晰而强烈的发展。"② 因为在这种完满的经验过程中，手段与目的、情感与理智、行动与意志得到了统一。人们得到了审美愉悦和审美享受，这个过程正是艺术的过程、审美的过程。

杜威将艺术的内涵视为人们日常经验的完善，实质是使人们的日常生活具有了审美的可能。在一般观念中，艺术品常常被等同于"存在于人的经验之外的建筑、书籍、绘画或塑像"。杜威却指出，"实际的艺术品是这些产品运用经验并处于经验之中才能达到的东西"。③ 因为，当艺术品是外在存在物时，艺术就被隔离了，它脱离了最初产生的条件、环境以及普通人的经验，最终在自身周围筑起了一道高墙，艺术被送进了一个单独的王

---

① 约翰·杜威.艺术即经验［M］.高建平，译.北京：商务印书馆，2005：37.
② 约翰·杜威.艺术即经验［M］.高建平，译.北京：商务印书馆，2005：49.
③ 约翰·杜威.艺术即经验［M］.高建平，译.北京：商务印书馆，2005：1.

国，它们只能被静观和欣赏。杜威所认同的是，这些艺术品不应该从当代人们的生活中撤离，而应该走下"神坛"，进入每个普通人的生活，与每个普通人发生交互作用，从而形成有意义的经验。正如杜威所言："经验在处于它是经验的程度之时，生命力得到了提高。不是表示封闭在个人自己的感受与感觉之中，而是表示积极而活跃的与世界的交流。"①

第二节 "美在生活"的园本实践基础

东方锦绣幼儿园创办于 2010 年，自开园起就以创意美术活动为载体探索特色课程。十余年来，东方锦绣幼儿园从儿童立场出发，提出了"释放爱美天性、乐享锦绣童年"的课程理念，将培养健康、爱美、有能力的现代儿童作为幼儿培养目标，形成了"环境浸润美"和"活动培育美"的园本化课程结构，开展了丰富的"创美、秀美、赏美"特色活动，逐步架构起以美育为特色的园本化课程。

一、环境浸润美

东方锦绣幼儿园把环境作为隐性课程，营造"趣美、创美、赏美"的园所环境，让幼儿浸润在美的环境中，感受色彩美、线条美、结构美、创意美，培养幼儿对美的欣赏力和感悟力，激发幼儿大胆表现美和自主创造美的兴趣，提升审美素养。东方锦绣幼儿园分别在公共区域大环境与活动室内小环境进行了课程环境创设。

① 约翰·杜威.艺术即经验［M］.高建平，译.北京：商务印书馆，2005：19.

（一）公共区域大环境

幼儿园充分利用空间，在走廊、楼梯、转角、窗户等公共区域，创设"大师主题秀""主题创想秀""亲子创意秀""多元创作秀"四大类特色环境，体现无处不在的创意，让幼儿发现"美"，寻找"美"，创造"美"。

1. 大师主题秀

利用楼梯转角空间，以大师作品为素材，利用幼儿熟悉的生活用品等多种材料元素，以"微型展馆"的形式，让幼儿近距离感受具有鲜明特点的大师风格作品。如蒙德里安（Mondrian）、马蒂斯（Matisse）的线条和色块、草间弥生的波点组合、凯斯·哈林（Keith Haring）的运动小人、齐白石的水墨名作等。

2. 主题创想秀

利用各类走廊空间，以各年龄段主题活动为素材，利用丰富的多元材料及不同的表现形式，结合主题进行内容实施，进行各类创意表征，满足孩子们对主题核心经验的不同表达。例如小班结合"我要上幼儿园""在动物园里"，中班结合"在动物园里""周围的人"，大班结合"我们的城市""我要上小学"。

3. 亲子创意秀

利用公共区域的墙面，以玩转材料为创意素材，利用材料的组合、变化等方式，展现亲子创意作品，在亲子创作中增进亲子感情，体验共同创作的乐趣。例如以纸袋、纸杯、鸡蛋托等生活中的物品为创作主体进行亲子创作。

4. 多元创作秀

利用公共区域的楼梯墙面，结合多种元素的创意形式，展现各种奇思妙想的创意灵感，拓展幼儿的创意思维。例如画里画外、工具创想、童心童画展等。

（二）室内小环境

1. 创意工坊班班有

每班教室内都创设有一个特色专区，并提供丰富的材料和各类创作工具，满足每个幼儿的表达、表现需要，展现具有本班特点的创意作品。

2. 美育渗透处处显

东方锦绣幼儿园运用环境留白的方式，为幼儿提供充分的表现自由，将美育特色渗透于日常，形成了具有班级特点的环境创设。例如师幼共同设计、制作具有班级特色的班牌、姓名贴、班级规则。在幼儿熟悉的材料和生活环境创设中渗透美育特色。如在室内运动材料上、户外绿化环境中、种植园工具屋里的彩绘涂鸦，盥洗室里各类生活用品的变身创意制作，为幼儿创设生活美的环境。

3. 专用教室更丰富

根据东方锦绣幼儿园的课程特色，美工室的创设更凸显艺术美、创意美，各个区域以儿童视角创设环境、提供材料、引发创意为主，为幼儿开辟艺术创造的天地，可以让幼儿有更充足的时间和空间，选择更多元的材料，尝试自主创作，体验创作乐趣。

二、活动培育美

（一）创美特色活动"乐创星期五"

该活动采取班本化实施途径，活动源于幼儿的认知经验、探究兴趣形成的班级主题创想。幼儿是活动的主人，自主选择内容、材料和表现形式，通过调查研究、自主探究、小组合作等形式开展合作创想，充分发挥幼儿与同伴、幼儿与材料、幼儿与教师的互动，形成"1+1=N"的无限创想可能，有效促进幼儿的全面发展。例如，由"我是中国人"主题引发的服装主题创想，由"我爱我家"主题引发的房子主题创想等。此外，东方锦绣幼儿园在区级课题研究成果的基础上，梳理形成了玩转材料、玩转色彩、借形想象、创意水墨四类特色学习活动素材，融入课程内容，培养幼儿审美素养。

（二）秀美特色活动"萌宝主题秀"

该活动巧妙地结合各类节日，邀请家长共同参与，亲子共创。如快乐六一创意无限、寻找身边的美、创意 T 恤秀等。

（三）赏美特色活动"小小看展团"

通过组织现场欣赏活动和线上欣赏活动，丰富幼儿的审美体验，培养艺术欣赏能力，激发热爱生活与艺术，乐于创造与表达的情感。如特邀中华艺术宫专业艺术指导教师，现场指导幼儿如何欣赏作品，了解作品特点，尝试体验现场创作。从孩子们一幅幅生动有趣的临摹作品中，我们看到了他们的自信表达和对艺术的喜爱。

经过十余年的实践，东方锦绣幼儿园整体师资队伍的审美素养得以提升，教师在创意美术教育方面也积累了较为丰富的实践经验，能够通过环境创设、材料运用、活动设计，丰富幼儿的想象力和创造力，引导幼儿感受美、欣赏美，用自己的方式去表现美和创造美。

在取得的成果和经验之外，回望东方锦绣幼儿园过去十余年的美育实践，我们反思仍然存在以下问题与不足：

第一，对美育的内涵理解较为狭窄。将创意美术教育作为重点，追求幼儿的创意美术表征和表达，缩小了美育的实际内涵，忽视了美育更为丰富的实践形态。

第二，美育与幼儿一日生活割裂。教师更多地将美育视为一种专门性的活动来开展，比如"创意绘画""快乐手工""大师作品欣赏"等。除了这些专门性的活动，一日生活的其他时段似乎就与美育无关。

第三，在活动空间和环境创设方面缺乏统领性的理念引领，现有的环境以呈现、展示幼儿创意美术作品为主，对何为美的环境的理解较为局限，无法支持美育实践的深入和幼儿经验的动态建构。

基于对过往美育实践的反思，结合当下五育并举的教育方针，我们认为幼儿美育应该突破技能化美育的局限，恢复美育与生活的关联，因此提出"美在生活"的幼儿美育理念。

第三节 "美在生活"的理念与架构

基于当下幼儿美育实践的局限与不足，我们认为幼儿美育应该突破技能化美育的局限，恢复美育与生活的关联，因此提出"美在生活"的幼儿美育理念，并探索一种幼儿美育实践的新样态。"新样态"之"新"，体现在以下方面：

从美育的目标而言，幼儿美育不再满足于幼儿审美知识和素养的提升，而是希望通过美育支持幼儿在各种活动经历的过程中获得完满的体验，并着眼于幼儿更长远的发展，让幼儿成长为一个"生活的艺术家"，一个能够把审美和生活统一起来的人，一个完整和谐自由的主体。

从美育的内容而言，幼儿美育不再局限于绘画、音乐、舞蹈等专门艺术领域，实践场域也将突破艺术馆和学校，艺术、自然、生活都将成为美育实践的沃土，都将成为美育的内容素材。

从美育的实施方式而言，幼儿美育不再偏重技能训练，而要关注幼儿的日常生活，共创美的经历，让美育成为融合审美体验、个性创造、完善经验的过程。

一、幼儿美育的理念

"美在生活"是东方锦绣幼儿园美育活动的指导理念，主要包含三个层面的内涵：

（一）从实践场域而言，美育是基于生活的

美不是"高大上"的、脱离日常经验的高贵艺术，美也不是脱离幼儿生活的外在之物，美来自我们每个人身边的生活。生活是世界上最大的美育场域。生活美育广泛存在于每一个人真实、具体的日常生活当中，小到一草一木、一饭一食、一举一动，生活时时处处皆蕴藏着美育的契机，将日常生活的点点滴滴塑造成审美化的存在，赋予每一个人成为"生活的艺术家"的可能性。

（二）从教育过程而言，美育是在完整的生活经历中完成的

其理论依据来源于杜威"艺术即经验"的理论。杜威提出，艺术要与日常生活建立起密切的联系。艺术与生活二者不存在质的差异，只存在参与度、感受度和完成度上量的差异。当经验达到一定完满程度的时候，就可以被称为艺术。因此，对于幼儿来说，当他具备了相对完整的生活经历，那他的生活经验就会变得完满，这个生活经验就逐渐演变为审美经验。在这个过程中，美育也不知不觉完成了。

（三）从目标取向而言，美育是为了美好生活

美育的目的，不仅仅是让幼儿提升审美素养，更重要的是为了让幼儿通过参加审美实践，发展审美感知能力，从而达到提升审美品位、确立审美价值、铸就审美人格，从而能够将审美与生活更好地结合在一起，参与对日常生活的审美化改造，时时处处发现和感受生活之美，从而更好地去生活。就如著名美学家曾繁仁所言，美育是为了培养"生活的艺术家"。所谓"生活的艺术家"，不是以艺术作为自己的职业，但却以艺术的、审美的态度去对待生活、社会和人生。①

我们认为，让美育回到生活，是对美育的深化与回归。全面加强和改进新时代幼儿园美育工作，应当实现美育、生活与生命的深刻共鸣，幼儿美育要回归学前儿童的生活世界。美就在幼儿熟悉的地方，将美育渗透于幼儿的一日生活，在艺术、自然、生活等场域，与幼儿共创美的生活经历，从而提升幼儿的审美素养，陶冶幼儿的健全人格，促进幼儿和谐健康的生命成长。

具体而言，一方面，幼儿美育要立足幼儿的生活经验。教师要充分发挥专业工作者的引领作用，偕同家长走近幼儿的真实生活，了解幼儿的真实情感，甄别幼儿的真实需求，开展基于日常生活真问题的主题系列探究活动。通过家园持续联动，使美育活动成为一种回归生活的延续性活动，实现幼儿美育活动与幼儿生活的同频共振，逐步培养幼儿健康的审美情趣和初步欣赏美、创造美的能力。

另一方面，幼儿美育要吻合儿童的生命节律。首先要适应幼儿每日学习生活的节奏和一年四季的生活变化以及节庆活动的需要，将美育活动有

① 曾繁仁.美育十五讲［M］.北京：北京大学出版社，2012：90.

机融入幼儿生活的各个环节和方方面面，力求生活美育既充沛饱满，又张弛有度。其次要顺应幼儿的年龄特征和个性特点，将美育活动的开展与幼儿的成长规律和不同需求匹配，既不拔苗助长，也不阻滞成长，实现幼儿美育活动与儿童成长的和谐统一。

二、幼儿美育的目标

1996 年颁发的《幼儿园工作规程》指出，幼儿美育的目标是"培养幼儿初步感受美和表现美的情趣和能力"。2001 年颁布的《幼儿园教育指导纲要（试行）》指出，幼儿园艺术教育的目标是："1.能初步感受并喜爱环境、生活和艺术中的美；2.喜欢参加艺术活动，并能大胆地表现自己的情感和体验；3.能用自己喜欢的方式进行艺术表现活动。"而在《3—6岁儿童学习与发展指南》中，艺术领域包括"感受与欣赏"和"表现与创造"两部分，具体目标包括"喜欢自然界与生活中美的事物""喜欢欣赏多种多样的艺术形式和作品""喜欢进行艺术活动并大胆表现""具有初步的艺术表现和创造能力"。

基于以上政策文件，我们将幼儿美育的短期目标设定为：通过美育让不同年龄的幼儿获得相应的审美能力和审美素养。分年龄段的美育目标详见表 2-1。

而幼儿美育的长远目标则是通过美育让幼儿成长为一个"生活的艺术家"，即能够把审美和生活统一起来的人，一个完整和谐自由的主体。

三、幼儿美育的空间营造

环境和空间是幼儿美育实施的"容器"和载体。"美在生活"的理念也对幼儿美育空间的营造提出了新要求。

"让幼儿园成为承载美好童年的艺术馆"，是我们所秉持的美育空间营

表 2-1　幼儿美育分年龄段目标①

年龄段	认知目标	情感目标	技能目标
小班（3—4 岁）	能从对自然景物、艺术作品、社会环境的体验中认识到美的存在；初步认识艺术作品中具有的简单的美的表现形式。	通过欣赏美的事物，培养幼儿对美的欣赏的兴趣；培养幼儿对自然、艺术作品、周围环境中的美的事物的热爱之情。	初步学会在自己的作品中对线条、色彩加以运用。初步运用肢体、表情、语言等表达自己欣赏后的感受。
中班（4—5 岁）	通过欣赏艺术及周围生活环境中的美，感知其中的形式美的成分；初步理解艺术作品中颜色、线条、节奏、旋律等要素的表情达意作用。	通过欣赏艺术及周围生活环境中的美，培养幼儿对幼儿园、家庭及周围环境的热爱之情，并会感受艺术创造的快乐，培养幼儿热爱劳动和对劳动者、劳动产品的热爱之情。	能说出自己喜爱或不喜爱某事物或环境的理由，并对此作简单评价；能学习用身边的物品和废旧材料来美化自己的生活环境。
大班（5—6 岁）	通过欣赏，能初步感受并喜爱环境、生活中的美，初步理解艺术作品中的形式美。了解自然、环境与人类生活的关系，有初步环保意识。了解美的形状、色彩、结构、节奏、音色等要素在艺术作品中的表现作用；了解一些绘画和音乐的表现技法。	喜欢各种不同的美的形态；喜欢动植物，喜欢亲近大自然；喜欢用语言、绘画、各种表演性活动来表达自己对美的人、事、物的喜爱；喜欢展示自己美的创造与喜欢欣赏别人美的创造。	能用自己喜欢的方式表达出对周围环境与生活中美的事物的喜爱之情；能用自己喜欢的方式进行艺术表现活动。在欣赏、评价美的事物时能大胆而较贴切地讲出自己的感受。

造的总体理念。具体而言，我们旨在突破的是狭隘意义上的用艺术品堆砌装点的美育环境，而是希望将整个幼儿园转变为一个幼儿在其中感知美、体验美、创造美、表达美的复合型空间。它不局限于幼儿园中的某个固定空间（比如美工室），而是弥漫性地存在于园所的每个角落。在这个空间里，美真

---

① 洪维．美学基础与幼儿美育（第二版）[M]．上海：复旦大学出版社，2017：144—145．

正融入了一日生活之中，一草一木、一饭一食、一举一动，都与美相关。幼儿每天生活在这样的空间中，不仅学习与积累关于审美的具体技能与经验，更重要的是，他们在感受和习得一种审美化的生活方式，学习捕捉和体会真实生活中的点滴之美，建构自己的美好童年。而将幼儿园称为"艺术馆"，并不局限于传统意义上的艺术品展示空间，而是强调以一种富有美感的方式，将儿童与童年的美进行展示，彰显幼儿生命成长的美好历程。

幼儿园的空间主要包括户外空间、室内公共空间、班级空间等三类空间。在营造美育空间时，幼儿园秉持如下原则：（1）美育空间环境是质朴的、有秩序感和美感的。（2）美育空间环境不是静态的、封闭的，而是开放的、动态建构的。（3）美育空间能够体现儿童视角，是教师和幼儿共同创设的。（4）美育空间环境不是割裂存在的，而是与一日生活紧密相融的。详细内容将在本书"美育空间营造"章节中具体阐释。

四、幼儿美育的内容体系

围绕着幼儿日常生活的经验范畴，我们将美育内容分为三个主要部分，分别是艺术之美、自然之美、生活之美。

艺术美是美的集中体现，艺术形象是内容和形式的美的统一，艺术美是审美教育最为重要的载体之一，能够深刻地作用于主体的审美心理和精神世界。自然美是审美教育不可或缺的对象，主要通过大自然中色彩、声音、形状等形式因素的审美刺激来影响审美主体的感知觉。生活美则将审美的范围延伸至一日生活，发现和捕捉平凡生活中的点滴美好，使生活艺术化，是"美在生活"的重要实践场域。艺术、自然、生活的审美，都能给予幼儿丰富而独特的体验。

艺术之美、自然之美、生活之美的具体内容，将在本书"幼儿美育内容选择"章节中具体阐释。

五、幼儿美育的实施路径

美育的过程是幼儿审美图式的生成过程，它源于幼儿对美的感知，终于对美的表达。幼儿美育需要追随幼儿审美的发生逻辑，提供具有操作性的美育活动。幼儿通过五官来实现对外部环境的感知，在感知到外部信息后，幼儿会调动已有的认知经验并通过内部加工来产生新的审美图式，而新的审美图式又为幼儿感知美、理解美、加工美和表达美提供认知和经验基础。

基于杜威"艺术即经验"的美育理论，幼儿园探索幼儿美育的实践路径，分为发现与捕捉、欣赏与创造、表达与展示、回归与传承四个部分，其核心是关注幼儿的日常经验，共创美的经历，支持幼儿建构一个个完满的经验。

（一）发现与捕捉

幼儿美育的起点，始于幼儿在日常生活中的发现与捕捉，比如他们可能会对自然界中的一片叶子、一块石头、一只虫子萌发强烈的兴趣。幼儿的这些初始经验，通常是零散的、未成熟的、不完整的。但这种未成熟和不完满的状态，恰恰是幼儿发展的契机。在很多成人看来，儿童的未成熟状态是一种不理想的、需要改进的状态。但是，这个"未成熟"的前缀"未"不仅仅是一无所有或者缺乏的意思，恰恰相反，它有着积极的意义——它代表着一种积极的势力或能力，一种向前生长的力量。同样的道理，在幼儿美育实践中，幼儿的这种不完满的经验状态，恰恰为通往完满经验提供了动力。

（二）欣赏与创造

围绕着幼儿感兴趣的事物，和幼儿共创丰富的经历，感受与欣赏、表现与创造，是美育实践路径中的重点部分。需要强调的是，虽然一般的艺术活动也会强调感受与欣赏、表现与创造，但是幼儿美育是在幼儿完整的生活经历中强调感受与欣赏、表现与创造，即这些欣赏与创造活动是围绕着某一个生活经验、构成其完整经历的一部分，而不是独立于日常生活的艺术活动。

（三）表达与展示

表达与展示，是师幼共同将美的经历和经验，以艺术展览的形式呈现出来，是美育实践中的"高光时刻"。一方面，通过展览，幼儿将之前的经历和经验进行回顾与梳理，这对于幼儿通向完满经验有着重要价值；另一方面，布展的过程本身也是幼儿美育经历中的重要部分，体现了幼儿的审美自主性，可以从中窥见幼儿对美的见解与视角。

（四）回归与传承

回归与传承，是美育路径的终点，也是另一个起点。

一方面，当幼儿关于某一个事物的经验到达相对完满的状态时，他的这种经验又会自然地融入生活，回归生活，美化生活。比如，在关于荷花和莲藕的美育实践案例中，孩子们会自然地将他们习得的经验运用在生活的审美改造中。有的孩子从荷花和荷叶的色彩搭配中获得灵感，会有意识地选择色彩搭配融洽的日常用品，甚至还会对成人的服饰搭配提出建议。

另一方面，美也会传承，即这一群幼儿的经验，也会启发另一个群体幼儿的美育实践。比如，参观过"小荷才露尖尖角"展览的中班孩子，也对荷花这个主题产生了强烈的兴趣，因此很自然地展开了下一段的荷花探索之旅。

"美在生活"的实践路径，倡导的是美源于幼儿日常经验，美与日常生活的亲密联结。美育的过程应是使每一个幼儿发现更多日常生活之美，将美融入自己生活的过程。美育在一个自然、完整的经历和过程中将幼儿的经验串联成一个整体，其本质是关注、尊重和促进幼儿的生命成长。这也是杜威所提出的"教育即生活""教育即经验的不断改造""艺术即经验"等关于教育本质理解的核心所在。

幼儿美育实施路径的具体内容和案例，将在本书"生活艺术家：幼儿美育的内容与实践路径"章节具体阐释。

第三章

童年艺术馆:
幼儿美育空间营造

第一节　幼儿美育环境创设的现状与不足

环境和空间是幼儿园里不出声的"老师"，作为一种隐性课程而存在。环境和空间是开展幼儿美育的重要途径和有效手段。幼儿正是在与周围环境和事物的互动中获得美的感受与体验，获得美育的浸润影响。但是，当审视当下幼儿园美育活动空间规划和环境创设的现状时，我们发现仍然存在以下不足：

第一，园所整体的空间规划和环境创设缺乏统领性的理念引领和系统架构，更多是一些零散的、局部的小环境创设，无法充分彰显美育课程应有的内涵，也无法支持更多美育实践的开展。

第二，对何为美的环境的理解较为局限。在现有的环境创设和空间规划中，多数教师认为用一些艺术品进行装饰的环境就是美的环境，现有环境以呈现、展示幼儿创意美术作品为主，这反映出教师对美的内涵理解仍然较为片面。

第三，在活动空间规划和环境创设方面，幼儿的参与仍然比较有限。幼儿作为活动空间的使用主体之一，更多停留在被动参与的层面，他们的想法、兴趣、需求在空间中体现不足。

总而言之，传统的幼儿美育环境创设有重主导、轻主体，重预设、轻生成，重结果、轻过程的现象，大部分环境的创设多以幼儿美术作品为主，缺少过程性及动态性环境。因此，幼儿园需要对活动空间规划和使用进行整体设计和系统思考，将静态的展示环境变为能够支持幼儿经验动态建构的空间，让空间和环境变得"活"起来，让美更"接地气"，与幼儿的一日生活发生联结。

第二节　幼儿美育空间营造的理念与原则

在"美在生活"的理念下，东方锦绣幼儿园秉持的美育空间营造的理念，是"让幼儿园成为承载美好童年的艺术馆"。在营造美育空间时，秉持如下原则：

第一，美育空间环境是质朴的、有秩序感和美感的。这是幼儿美育空间环境的基本要求，大到园所整体空间的布局和配色，小到美术材料的选用，都应该符合这条原则。比如，就空间色彩搭配而言，应避免高饱和度的艳丽颜色，也应避免在同一空间使用过多的色彩，从而引发幼儿不必要的兴奋情绪，干扰幼儿专注投入活动，而应该采用质朴的色彩，如原木色、带给人宁静感觉的暖色调，从而营造温馨的、让人舒适放松的空间氛围。又如材料的收纳和归置，要兼具秩序感和美感，比如本章中提到的班级美工角的材料收纳，以及雨衣的收纳，都体现了秩序感和美感，这对幼儿来说，既能满足他们对秩序感的追求，也是一种隐性的审美浸润。

第二，美育空间环境不是静态的、封闭的，而是开放的、动态建构的。通俗地说，美育空间应该是"活"的，不是"死"的。因为美的感受和体验不是单方面地给予和灌输，而是审美主体和客体之间的积极互动。

因此，幼儿美育空间需要为幼儿与环境和空间之间提供充分的互动，美的感受和体验是在互动中动态建构的。比如本章中的户外美育空间营造，我们强调留白，即把空间留出来，激发儿童共同参与幼儿园环境创设的积极性。又比如公共美育空间中的"大师秀"展厅，这是一个开放的、动态建构的美育空间，一方面它把某个班级孩子关于某个主题探索的经历动态地呈现出来；另一方面，这个展厅本身是开放的，是面向全园孩子的，他们作为观众体验和反馈，也成为整个展览的共同参与者，使整个展览更加丰富和完善。

第三，美育空间能够体现儿童视角，是教师和幼儿共同创设的。美育空间和环境是为幼儿服务的，教师和幼儿都是美育空间的实际使用者。因此，在空间营造和环境创设中，幼儿的声音是必不可少的，他们对于何为美的空间、何为好的环境，有着自己独特的观点和视角。因此，我们采用"马赛克"研究方法，邀请幼儿共同参与，结合教师对于美育课程的规划，共同创设空间与环境。

第四，美育环境和空间不是割裂存在的，而是与一日生活紧密相融的。幼儿并不是进入美工区、美术馆这样特定的美育空间才接受了美育。美育在一日生活中无时无刻不在发生。因此，如何让一日生活中的每个环节、每个角落都浸润和体现美，让孩子们能够在其中感受和体验到美，是幼儿园需要思考的。因此在本章中，将会阐述东方锦绣幼儿园如何让一个普通的楼梯转角化身为二十四节气的"生活角"；即使是盥洗室和午睡间，经过精心的创设也能让幼儿感受和体验真实的生活之美。

具体而言，在幼儿园里主要包括三类空间：户外空间、室内公共空间、班级空间，这三类空间的特性与美育营造要点，如下表所示，将在后续章节中结合具体案例进行阐释。

表 3-1　幼儿园三类空间的特性与美育营造要点

空间类别	空间特性	空间举例	美育空间营造要点
户外活动空间	• 拥有丰富的自然物和自然资源 • 幼儿活动空间大 • 空间中存在的不确定性因素更多 • 受天气和气候条件影响较大	• 游戏区 • 沙水池 • 运动区 • 小树林	• 充分利用自然物和自然资源 • 开放和灵活的空间布局
室内公共空间	• 全园师幼共享空间 • 承担了展示功能 • 能够促成不同班级幼儿之间的交流	• 门厅 • 中庭展厅 • 走廊 • 楼梯转角 • 各类公共活动室	• 定期展示美育实践成果 • 不仅仅是单向展示空间，还要在空间中设置观众互动和体验机会
班级空间	• 是幼儿在园的主要生活空间 • 与幼儿的一日生活紧密相关 • 局限于一个班级内	• 用餐区 • 午睡室 • 盥洗室 • 美工区	• 教室空间的布局合理，幼儿活动动线合理 • 教室玩具和材料收纳富有秩序感和美感 • 注重幼儿良好生活习惯的养成，关注教室中的每个角落和环节

第三节　基于儿童视角的美育空间调研

为了创设更为贴合幼儿需求的美育空间，第一步需要开展基于儿童视角的美育空间调研，关注儿童的需求、感受和行为。只有深入了解儿童在空间中的需求和偏好，才能创造出更加适合他们的美育空间。

一、倾听儿童的声音，用"马赛克"方法听取儿童的看法及经验

东方锦绣幼儿园秉持"倾听儿童""尊重儿童主体性"的理念，赋予儿

童发声的权利，采取了适合儿童参与的"马赛克"研究方法。以户外游戏空间（橘林、中庭和屋顶花园）和室内公共空间（玻璃长廊和楼梯转角）为例，我们鼓励幼儿运用"儿童之旅"的方式，自主决定参观的户外游戏地点和内容。在参观过程中，幼儿可以向教师介绍他们在参观过程中的所见所闻。这些声音和观点被教师认真记录下来，并以收集到的可视化材料为依据进行多方对话、沟通，进一步提炼出幼儿的观点。

1. 户外游戏空间——橘林

表 3-2　幼儿喜欢橘林的原因统计表

区　域	幼儿喜欢的原因
橘林	• 这是我们上课的地方，里面有黑板，有桌子，还有我们可以坐的小椅子。我最喜欢在这里玩，因为我可以做小老师，可以在黑板上画画，还可以教别的小朋友学本领。我还想要一个话筒，让大家都能听见我的声音。 • 这是我们喜欢的迪士尼城堡，我们在里面可以变成王子和公主。我想在这里放烟花、看表演，我想要这里有一个大舞台，可以在上面给大家表演节目。小桌子和小椅子是我们的观众席。 • 这是我们制作美食的地方，我们会在这里开饭店，烧好吃的。但是小朋友都喜欢在这里，太拥挤啦，我想要更大的地方，给大家做烧烤，变成一个美食天地。煤气灶台有点少，我们还需要一个烧烤摊儿。 • 这里是我们的一个大舞台，这里还是我们的小动物饲养区。上一次我们在这里让小乌龟和小兔子进行了龟兔赛跑呢。大树旁边的小椅子是我们乘凉的地方，我们把挖宝藏挖到的东西都运到了这里来给大家展示。 • 这里是我们的美术小课堂，你看有好多的颜料，我们最喜欢在这里画画。我可以设计自己喜欢的图案，我们上一次给地上的马路铺上了好看的颜色，砖块变得好漂亮。我还想要在这里放上画板，那样我们就可以在这里写生了，可以把漂亮的小花和小草画在我的画纸上。 • 这里是橘子树，上面结了许多橘子。我喜欢在这里，因为等橘子熟透了，掉下来的时候，我们可以做橘子汁给小客人品尝，而且还可以开冷饮店，做橘子冰沙。我想要在这里开店，招待小客人，我可以在橘子树的下面铺上小垫子。我还想种苹果树、香蕉树，让这里变成一个水果园。 • 这里是我们的研究基地。上一次我们在这里挖到了好多小石块，还有一个大大的贝壳，我们用小推车把石头运到了旁边的石头基地进行考古研究。我们需要放大镜，只有一个小推车不够，我们还需要一个帐篷来放这些挖出来的宝藏。 • 这里是游乐园里过生日的地方，我们会在里面铺垫子，然后给好朋友举行生日派对，玩得很开心。我们会用树叶、果子和盘子做各种各样好吃又好看的蛋糕，还会骑车出去买礼物回来。这里房子是围起来的，所以很有过生日的感觉，唱《生日歌》也听得见，还能点蜡烛许愿。 ……

教师在和幼儿一同参观橘林的每个角落时，将他们的介绍和想法进行了记录，并对其中的原因、特征进行了归纳梳理。表格中是一部分幼儿喜爱橘林的原因，教师从中找出了关键词以及幼儿想要增添的物品：

（1）关键词：当老师、表演、美食天地、舞台、冷饮店、考古、乐园。

（2）想要增添的物品：话筒、舞台、烧烤架、画板、水果苗、帐篷……

从上述归纳中可以发现，幼儿喜欢该区域的原因有：

（1）大班幼儿喜好的物品来源于对生活经验的积累，和自己喜欢的生活内容相关、相似的主题。

（2）区域内的物品和环境能给大班幼儿提供互动性强、操作性强的自主游戏。

2. 户外游戏空间——中庭

表 3-3　幼儿喜欢中庭的原因统计表

区　域	幼儿喜欢的原因
中庭	• 花园里的帐篷很有趣，我们可以在里面搭建秘密基地。帐篷的拉链拉上后，会很黑，这个感觉很刺激。 • 这里有许多树，我想去里面探险，但我害怕里面的小虫子。如果有探险装备就好了，我可以和好朋友一起去探险。 • 这里是探险的好地方。 • 花园里的柚子树特别美，过阵子我们就可以吃柚子了。 • 这个吊床躺着很舒服，可是每次下来的时候都会摔得屁股疼。 • 这个茅草屋很有趣，我很喜欢在上面搭城堡。用砖块把四周垒起来当围墙，这样敌人就打不到我们。 • 我喜欢这个吊床，可以躺在里面睡觉。不过起来的时候要小心，不然会摔个四脚朝天。 • 我很喜欢在这里进行战斗，矮的那棵树可以当作掩护。 • 这棵树是花园里最高的树，非常挺拔。 • 这两只羊很可爱。白羊坐着，我可以坐在它的旁边；绿羊站着，我可以骑在它的背上。 • 这个红红的图案很可爱，是我们之前找的兔子（新年找兔子活动中的兔子），没想到她还在这里躲着。 ……

在介绍中庭时，幼儿的偏好程度以及想要的增添物显得更为集中：

（1）关键词：探险、吊床、树、城堡、战斗、羊、地上的图案。

（2）想要增添的物品：探险装备。

从上述归纳中可以发现，幼儿喜欢该区域的原因有：

（1）大班幼儿喜欢能满足探险的游戏和区域特色。

（2）大班幼儿喜欢有趣且可爱的区域物品及图案。

3. 户外游戏空间——屋顶花园

表 3-4　幼儿喜欢屋顶花园的原因统计表

区　域	幼儿喜欢的原因
屋顶花园	• 在外面我们可以玩水。在平台的那个角落里可以自己接水，我和朋友给小植物浇水，还可以用水来玩游戏，真是太开心了。 • 我想用颜料来画画，这样我又能玩到水还能画画，这不是很好吗？ • 这里不仅有秋千，还有一块很大的草地。我可以把教室里的野餐垫都带出来，和好朋友一起玩野餐游戏，就像平时和爸爸妈妈去野餐一样。我们还会用一些积木去搭小桥，就像公园里一样，所以我们都很喜欢。 • 这里有蝴蝶，如果给我准备一点捉蝴蝶的网就更好了。 • 这是我最喜欢的地方。虽然其他地方也有积木，但是这个地方很大，而且里面的积木也很多，品种特别多。我一直和小朋友一起搭积木，我每次都和他们一起搭城堡和房子，还会给客人搭建他们定制的房间。我希望里面再增加锥形和别的不同形状的积木，这样的话，我搭建起来的房子就会更不同、更好玩。 • 这个地方有新的小推车，这样在我们搭建积木的时候更方便运输。而且这个地方旁边都是草地，很美丽，像露营一样。我希望以后这个地方能多放一点小屋子，我们玩娃娃家会更快乐的。 • 这个是我在户外阳台上玩的秋千，我很喜欢这个秋千。荡秋千不仅很好玩，而且我们可以坐在上面看风景。别的场地没有这个秋千，我可以和我的好朋友一起坐在上面享受。如果秋千旁边有一些好吃的东西那就更开心了。 • 我很喜欢这个场地，因为这边的空间特别大，可以让我搭很大的积木。比如城堡和房子。尤其是旁边的小花坛很美丽，开了很多的花，我还看到很多的小蝴蝶，肯定是因为闻到了这里的花香被吸引过来的。第一天来的时候，这里还有个小帐篷，我希望以后这里也有个小帐篷和小亭子，这样很热的时候我可以躲躲太阳，还可以当作我们的家，这样不是很有趣吗？ ……

（1）关键词：秋千、水、野餐、积木、露营、植物。

（2）想要增添的物品：颜料、捕蝶网、不同形状的积木、小屋子、帐篷。

从上述归纳中可以发现，幼儿喜欢该区域的原因有：

（1）喜欢形状多样、种类丰富的建构类积木。

（2）喜欢秋千、草地、阳光等，能够欣赏和感受自然的美好。

4. 室内公共空间——玻璃长廊

表 3-5　幼儿喜欢玻璃长廊的原因统计表

区　域	幼儿喜欢的原因
玻璃长廊	• 我喜欢小动物，如果这里有我最爱的袋鼠就好了。 • 我喜欢冷冷的地方，因为我喜欢企鹅，这里就有企鹅，我要抱抱它们。 • 这里有好多的中华传统文化，水墨画我也学过的，我画过大虾。 • 这是山吗？为什么这个山没有草坪和小花在上面？这些山能移动就好了。 • 这里好漂亮啊，有荷花，有大白鹅，还有荷叶，我都想和它们合照了。 • 我到宇宙里了。我变成宇航员了。好多星球啊，它们的颜色都不一样。 • 这里有各种不一样大小的星球，我喜欢这里，它们有名字吗？ • 这是宝藏吗？我可以挖宝藏啦，我可太喜欢这个箱子了。我需要一把小铲子和小盒子。 • 为什么有鱼骨头在这里？还是金色的，好神奇。 ……

（1）关键词：动物（大白鹅、虾、袋鼠）、山、宇宙（星球）、宝藏。

（2）想要增添的物品：袋鼠、能移动的山、儿童相机、铲子、盒子。

从上述归纳中可以发现，幼儿喜欢该区域的原因有：

（1）喜欢贴近他们生活的各种动物。

（2）想要有更多能够互动的内容，如可以合照的相机、挖宝藏的工具等。

5. 室内公共空间——楼梯转角

表 3-6　幼儿喜欢楼梯转角的原因统计表

区　域	幼儿喜欢的原因
楼梯转角	• 我喜欢这里的小椅子和小桌子，我可以和好朋友一起坐在这里看书、聊天。 • 这里有好多作品，这是超轻黏土做的橘子吗？我也会做的，我也想做橘子。 • 这里的桌子上还能插花，我下次还想来这里玩。 • 立夏我知道的，可以玩"谁的鸡蛋厉害"的游戏。我在班级里和小朋友玩过的，下次给你看啊。 ……

（1）关键词：桌椅、作品、节气习俗游戏。

（2）增添物：互动性材料（黏土、插花等）、电子设备（平板、画屏等）。

从上述归纳中可以发现，幼儿喜欢该区域的原因有：

（1）喜欢操作性强的内容，如制作手工、插花等。

（2）喜欢能和朋友一起交流的区域。

二、成人视角和儿童视角下的美育空间对比

通过"马赛克"研究方法，我们从幼儿的角度发现他们对美育空间的喜好，同时我们也做了基于成人视角的美育空间调研，并将两者进行了对比，部分对比如下：

表 3-7　成人视角和儿童视角下的美育空间对比

户外游戏空间（林荫小道）看法对比	
教师视角	教师更看重对于幼儿的发展以及区域空间的整体调整，如对自然的探索、游戏情节的丰富等；其次是对于区域可玩性的关注，根据区域的特征，有水、有泥巴，建议增加相关工具和材料，提高区域游戏层次性。
儿童视角	幼儿主要根据区域已有建筑及物品进行发散性联想，如林荫小道上的小河，幼儿就想在河里养鸭子，给河水进行清理。 他们还会根据已有经验及游戏过程中产生的想法，萌生想要增加的物品，如在灶台附近玩角色游戏时，想要增加能够吃饭的桌子和小椅子；在小桥上过河时，想要有手柄足够长的捞鱼网捞鱼；在玩泥巴时，想要在泥地里埋宝藏给弟弟妹妹挖；等等。

	室内公共空间（玻璃长廊）看法对比
教师视角	教师更看重区域的特点，利用特定空间的优势进行优化调整，如玻璃长廊的透光性和自然元素的捕捉；其次是对于空间大小和功能的分区，增加空间的可玩性和丰富环境的内容性。
儿童视角	同户外游戏空间雷同，幼儿会根据现有空间中的物品进行想法分享，如看到宝藏箱子，他们就想挖宝藏，就需要挖宝藏的工具。他们也会对贴近自己生活的空间物品产生共鸣，如最常见的小动物、湖边的荷花风景等。

通过对比教师和儿童对于美育空间的看法，发现两者在考虑角度上有明显不同，教师更多倾向于幼儿的发展需求、空间的特性和整体规划，而幼儿更趋向自己已有经验和贴近生活所延伸出的玩法。

（一）从儿童视角探索美育空间的主题和游戏元素

幼儿能够主动参与生活和游戏，拥有体验、利用、创造空间的能力，而不仅仅是被动接受成人的影响和控制。他们不仅仅生活于成人建构的空间里，被成人社会决定自身的空间经验，而是积极主动地进行转换和改造，为美育空间定义和赋值。

从可视化材料可以分析出，幼儿对于户外美育空间的游戏元素需求主要来源于游戏进程中的实时所需，如在屋顶花园，他们在搭建过程中需要更多不同形状的积木；在橘林，幼儿在"小课堂"的游戏中想要写生板等。实录中可以发现，除了游戏元素，幼儿的关注点更多在游戏的主题上，如中庭区域的自然元素多草丛和树林，因此游戏主题集中在游戏上；屋顶花园场地开阔，具有良好的视野，因此游戏主题集中在野餐、露营上。在室内公共美育空间中，目前更聚焦于大班幼儿布展内容的后续再利用，通过大班幼儿感兴趣的主题吸引小、中班幼儿的注意，并引发大班同伴的共鸣，激发他们的创造力和想象力。

（二）从成人视角探索美育空间的区域规划和幼儿发展

教师会站在第三视角，以观察者的眼光来看待幼儿想象和建构的户外游戏空间。皮亚杰的认知发展理论认为，2—7岁的儿童思维特征具体表现为自我中心，无法分清部分和整体之间的关系以及缺乏守恒。因此在幼儿美育空间规划中，需要教师根据幼儿和美育空间的互动性和兴趣度进行区域的整体规划调整。在游戏过程中，幼儿的经验世界被教师所看见和记录，教师以观察者的身份，帮助幼儿梳理在游戏中想要但无法用理性逻辑叙述出的需求，并将其整合、归纳，提供适用性较强的、顺应幼儿发展的区域性工具和材料。

儿童视角和成人视角的有效融合反映了成人与儿童相互合作、彼此支持的研究关系，从二维的角度认识儿童世界和成人世界的异同，以及成人对于儿童游戏、生活的协助及指导意义。在美育空间的探索实践过程中，两者同样重要，协调统一于儿童的美育空间活动中。

三、基于儿童视角的美育空间优化策略

（一）抓住不同美育空间的特性和功能

不同的美育空间有属于自己的不同特性和功能，如何抓住美育空间的特点，合理利用其优势，利用空间优化的手段将优势放大，利用空间的天然优势帮助幼儿沉浸在不同空间氛围中，培养他们欣赏美、感受美的能力是教师需要考虑的。

以室内公共美育空间玻璃长廊为例。整条长廊的左右都以落地玻璃窗来构造，不同时间段的光影效果，周围的自然、生活环境一览无遗。因此在设计该美育空间时，教师捕捉到该空间的特性，选择了能将自然和

光影巧妙融合并放大的材料——不同颜色、形状的亚克力板，彩色玻璃纸，透光积木等，帮助进入玻璃长廊的幼儿更好地发现光影的变化和观察自然中的细节，透过彩色玻璃纸观察窗户外"会变色"的小草，发现自然元素的趣味；随意移动不同色彩的大山进行随机叠放，感受色彩与色彩融合之后的奥秘；借助阳光的照射，发现彩色亚克力箱投射在地上的光影效果……借助大自然中一切美的事物提高幼儿感受美的能力，发现生活中的小美好。

（二）空间复合利用

儿童游戏时开心的画面，儿童全神贯注地沉醉于游戏中的样子，正是童年生活的最美好的表现。幼儿的游戏不应受地点和条件的限制，日常生活中的一切事物都可以用来游戏。但考虑到幼儿很容易被身边的事物吸引注意力，他们的活动主题、方向都是随机、不可预测的，他们走过的场地、区域都可能成为他们游戏的空间。

因此，在美育空间优化的过程中，需要注重空间的复合利用，提高空间的多功能性。例如在屋顶花园，考虑到视野开阔、光线充足，有大量的玻璃窗、栏杆等元素，在优化空间的过程中，结合儿童视角的调研内容，幼儿园在屋顶花园投放了玩色类工具（玻璃蜡笔、粉笔、水粉颜料等）、建构类玩具（推车、清水积木）、种植类工具（泥土、水壶、铲子、施肥材料等）、露营类装备（野餐垫、帐篷、野营车等），充分挖掘开放空间的潜力，赋予它们多样化的功能和开放式的美育形式。

（三）闲置空间再利用

幼儿日常活动的出行路径上，每一个节点都可能成为他们停留的、想要互动的户外美育空间。在幼儿园的大门旁，有一条通往大操场的小路，小路的右边是一块绿色草坪，幼儿每每经过这条路，都会被草坪上的"小羊"吸引。"小羊小羊，你好呀！""好想进去和小羊一起做游戏。""我想在这块草地上野餐。"收集了这些幼儿的声音之后，考虑到空间的参与性和互动性，以及儿童生活世界中蕴藏的自然美，幼儿园对这块闲置的空间进行了再利用，将栅栏拆除，增添了"霍比特人小屋"和带有自然元素的桌椅，将户外空间和儿童的声音充分融合，把闲置的空间变为深受儿童喜爱的户外自然互动区，以自然为媒介，给予幼儿无限探索的机会与兴趣，将幼儿带进自然的怀抱，在大自然中培养幼儿高尚的审美情趣。

（四）创设富有探索性的自然美育环境

从归纳、整理的儿童"声音碎片"中可以看出，幼儿更喜欢有探索性、能持续刺激多种感官的户外美育空间。例如高度多变的地面、疏密有度的植物、沙坑、大面积草坪等，都能对他们产生强烈的吸引力和探索欲望。幼儿更喜欢有凹凸起伏的地面，高低不同的构造物，以及富有隐喻、情境的自然环境。在空间优化时，幼儿园利用新增的河道，将整个林荫小道做了整体串联，提高空间活动的整体性；减少大面积过于密集的景观树，保留不同种类的水果树，在原有景观树的位置增加了融于自然环境的树屋，为幼儿提供自主探索、创造的多样可能；考虑到大面积绿地草坪的可玩性和探索性，幼儿园在部分草坪上增设了有高度的土坡引起幼儿的注意，提升探索的玩法层次性。

通过这些优化措施，幼儿园创造了一个充满探索和刺激的多感官户外美育空间，为幼儿提供了更加丰富和多样的活动和探索机会，让幼儿在美育空间中表现出生动活泼的多元化发展，在他们探索世界的成长与发展、体验与感悟、自由与创造中赋予幼儿美育新意蕴。

第四节　户外美育空间营造

　　户外活动空间是幼儿美育空间不可或缺的一部分。相较于室内空间，户外空间具备更为灵动、富有野趣、贴近自然等特征，也更受到孩子们的喜爱。幼儿园户外活动空间应建立与幼儿生活的高度衔接，可持续、能创生、可探究、充满机会与挑战，能让幼儿获得丰富多元的经验生长与审美发展。①

一、开放——动线与分区

　　幼儿活动不会局限在一个场地之中，在他们眼中并没有区域和区域之间的清晰划分，因此并不需要对户外区域进行明确的分区，只需要控制空间的安全间距和保证人流疏通能力、材料与自然环境融合、在过渡区域设置休息区即可。

　　环境的空间创设和材料提供要保持开放性，采用曲回环绕、四通八达的格局，契合孩子们不走寻常路的特性，创设给予孩子们无限可能和想象的户外活动空间。例如在幼儿园的最南端，沿着围墙有很长的一条林荫小道。原先那里灌木丛生，树枝交错，经过去林为坪，造坡挖渠，打造出一片完整又充满趣味的自然丛林探索区域。蜿蜒曲折的"小河"贯穿整个"丛林"，林荫小道曲径通幽，山洞山坡成了孩子探索自然的秘密通道……在这里，孩子们可以在不同路径中迂回、探寻，享受"迷失其中"的自然体验。

---

① 沈小玲，黄丽娜.向美而生　向美而行——幼儿园户外空间资源的审美化利用［J］.幼儿100，2022（48）.

幼儿园还在不同的活动场地之间设立了富有童趣的"道路地图"，帮助幼儿更好地识别不同区域的特色，帮助他们到达任何想去的地方，例如中庭、林荫小道、"霍比特人小屋"、沙水池等。在设计儿童出行路径时，幼儿园遵从趣味性、直观性、可视性原则，将出行路径的设计权交还给幼儿，根据儿童对幼儿园生活、游戏场地的回忆再现制作出属于他们的儿童出行路径，为他们提供有趣、简单的道路出行体验，以富有美感的路径图示来生动地表现幼儿眼中的世界。

此外，幼儿园为幼儿建立的儿童标识有明显的可识别性，如颜色、材质等不同。通过地面的"地图线路"指引，为儿童指示方向和距离，方便他们清楚地分辨道路方向或美育场所的空间类型。通过在不同区域设置幼儿绘制的安全标识牌，加强对他们的安全引导，从同伴的角度提醒幼儿不同区域的安全注意事项。

二、审美——朴素与趣味

我们经常会看到在儿童的空间创设中，呈现五颜六色的设计，成人"任性"地以为这就是孩子们喜欢的。但其实在展示空间或学习空间中出现过多的颜色，只会让儿童陷入兴奋—选择—困惑的疲劳循环。久而久之，他们难以平静、专注，乃至厌倦，更别提让他们获得有价值的信息和体验。[①] 日本建筑师日比野拓在 iSTART 儿童艺术节教育论坛分享经验时提道："孩子对色彩的反应其实是大人制造的。实际上很多儿童喜欢朴素的颜色。……教育设施是一个让儿童去创造、产出的空间。……简洁的设计能够为儿童留出创作空间，引出儿童自身的创造力。"

因此，在户外环境创设时，尽量保持材料原本的颜色，摒弃教育空间

---

① 李杰.童年美术馆［M］.北京：北京联合出版公司，2021：122.

中日益复杂的材料堆砌现象，呈现贴近幼儿生活经验的部分，用最淳朴的布景方式呈现，使得户外环境成为孩子眼中最自然的存在。例如充分利用自然环境中的树阴，在其中创建"勇敢者道路""露营地""泥巴厨房"等；颜色呈现以原木色为主，融合在自然环境中；利用空心砖头作为收纳颜料、放置幼儿作品的材料；不做任何修饰的外墙和玻璃窗，成为孩子们肆意发挥想象的创作空间……让淳朴的布景呈现方式成为儿童创作、产出的空间。

三、游戏——互动与成长

游戏不仅是儿童快乐的源泉，也是认知探索、调整学习、破冰合作的利器。因此，在户外空间环境创设中，可以将固化的场景或者材料激活，激起幼儿深入对话、探索的兴趣。

例如在"霍比特人小屋"，这里有一个自然的环岛，孩子们会骑着各种车围着小屋环岛骑行。在空间创设时，在旁边设置了停车区，提供了刷子、抹布等工具材料。起初这是为了方便幼儿在游戏结束后擦洗雨鞋用的。在后续活动中，材料被"激活"了，他们开始了"洗车店"、"打扫小屋"等一系列活动项目。而停车区的使用，也让孩子们产生了不同的思考：不同大小车子停哪里？怎么停更加整齐，方便取用？……一系列的讨论生成了很多项目内容。

而某一天在小河边出现一条皮划艇时，孩子们的游戏创造力再一次被激发，从刚开始的划船过桥体验新鲜感，到后续自己制作能浮在河上的小船，比比谁的小船更"厉害"……孩子们游戏的天性被环境和材料不断激发。

四、感官——自然与野趣

儿童天生具备好奇心，亲生物性，越贴近自然，越能激发儿童的自然本能。因此，打造户外活动空间，让儿童回归自然本真，从不同的感官维度设置不同的环境，促进儿童不同感官的发展，从自然空间与材料出发，调动儿童五感。孩子们通过对自然环境的观察、互动、感受，发现自然的美。

在创造自然环境的时候，一定要有花、草、树、木、水这些与人类探索相关的痕迹，因为这些生命的印记不仅满足着儿童学习发展的需要，还满足了他们精神灵性腾飞的需要。① 在户外环境创设中，需要适度的冒险性环境，保留自然野趣，鼓励儿童自由选择与自我突破。我们发现，当一个环境被过度"包装"和保护后，孩子的思维和行动也会不自主地被禁锢。当然，安全是户外环境创设的第一要务，这不可否认，但是绝对安全的空间，会显得矫枉过正，我们要做的不是用环境空间的条条框框去驯化孩子们，而是在保证安全的情况下鼓励他们更广泛、深入地去玩、去感受、去迈出新的一步。童年时期超越惯性的行动经验往往能够给予我们更深刻的体悟与成长。②

在户外空间中，山坡、小阁楼、茅草屋等，都会成为孩子们"打野战"的场所。随处摆放着各种形状、大小不一的竹梯，孩子们会利用它们爬到树上，看看小鸟的窝里有没有蛋。孩子们还会利用竹梯架在小河上，用来过河。当然，有时候，这些竹梯也会变成孩子们展示作品的作品架。小河边的大石头，也会是孩子们创作的"画纸"。

幼儿园中隐藏着许多果树，有柚子树、橘子树、枇杷树、石榴树等，随着四季的更迭，孩子们感受着大自然的馈赠。到了秋天，孩子们会一起

---

① 胡华．"儿童视角"下幼儿园环境创设的思考与探索——以中华女子学院附属实验幼儿园为例［J］.中国教师，2021（2）.

② 李杰．童年美术馆［M］.北京：北京联合出版公司，2021：129.

采摘柚子、橘子，教师会带着孩子们一起剥柚子皮、橘子皮，感受秋季水果的清香，再将果皮烘烤、碾碎，一起制香、闻香，完整体验独有的中国式"浪漫"。

五、留白——共建与自治

留白是中国艺术特有的一种表现形式，也是一种哲学思想。白是东方文化推崇的极简主义的主要色调。留白意味着一种简单、安闲的生活理念。[①] 留白可以为孩子们丰富的想象力留出空间。

在户外活动空间创设时，把空间留出来，给予幼儿共同参与的可能性，激发儿童参与共同创造幼儿园环境的积极性。提供一个自由、开放、有呼吸感的空间，环境中充满孩子们的"痕迹"，稚嫩的涂鸦与丰富的表达映照儿童们的内心世界，给儿童真实表达、真实创造提供机会，帮助他们将想象变成现实，构建一个有意义的、有生命力的、有创造力的户外环境空间。

例如，为了解决孩子们户外游戏时的如厕问题，我们在小树林里创设了一个公共卫生间。卫生间外的洗手池，以白色水泥的"原始模样"呈现在了孩子们面前。这激发了孩子们的创作兴趣，各种天马行空的涂鸦展现出来，给予这个户外洗手池全新的艺术感染力，为这个空间增添了童趣和创意。

三楼平台的花坛，原先种着观赏性的植物，但由于一段时间疏于照顾，花坛中的植物都没有幸免于难。于是，一场关于拯救小花坛的活动就此展开。10 个小花坛全都留给教师和孩子们去创想。没过多久，花坛中出现了黄瓜、草莓、向日葵……留白的种植空间，再次焕发出了生命力。

---

① 胡华．给童年"留白"［M］．北京：北京师范大学出版社，2023.

环境中的留白是留给孩子自主表达的空间和机会。经过暑假的户外环境大改造，刚开学，中大班的孩子们面对全新的环境，充满了新奇感，在一片"哇"声中，我们可以感受到孩子们的惊喜。在这个过程中，大班哥哥姐姐也发现了很多需要提醒弟弟妹妹注意安全的地方。安全提示的标识，就由哥哥姐姐们在亲身体验后完成了。这种留白反映出孩子们在游戏过程中自主思考、自主解决问题和自主决策的精彩表现。而他们的自主创意能力也在这个过程中不断被唤醒和激发。

我们正在建构一个适合儿童发展的户外活动空间，教师以共享创造者的身份与孩子们一起轻松打造户外环境，在过程中呈现出一个不被主观打扰、不断生长、重组的、"活"的户外空间，让环境呈现"美好生活"。

第五节　室内公共美育空间营造

室内美育空间，承担的功能是为幼儿提供创作和展示美的机会和平台，可促进全园范围内的分享和交流，让公共空间成为一个富有吸引力的场域，吸引更多的人参与其中，感受美、表达美、分享美。

案例 1　**"海洋公园"策展记**

当孩子们谈到海洋世界，就会想到之前旅游时看到的大海，和爸爸妈妈一起游玩的海洋公园，自信地说着认识的海洋动物……由这一话题拓展，孩子们计划亲手打造一个"海洋公园"展览，地点就放在幼儿园的

"大师秀"展厅。

在策展过程中，教师和孩子发现了一个难题：幼儿日常接触的材料主要是常用的美工材料，幼儿常用的美术表现形式也主要集中于平面创作，但是海洋生物，尤其是鲸鱼、鲨鱼这些体积庞大的生物，仅仅用平面绘画的方式难以表现出这些海洋巨兽给人们带来的震撼。而像水母和企鹅这种小型生物，它们的固有形象鲜明，尤其是各种透明水母的质感，企鹅圆滚滚的身形，如果只是平面绘画也会大大降低这些生物的有趣特征。另外在场景的表现上，幼儿有参观海底隧道的经验，知道海底隧道非常巨大，且是玻璃制成的，用什么材料能够体现海底隧道的透明质感呢？如何利用生活中的常见材料加以变化和组合，来完成这次海洋公园展，是教师和幼儿共同面对的挑战。

（一）美人鱼带来的灵感

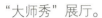

美人鱼在孩子心中既神秘又美丽，深受女生的喜爱。在创作过程中，通过欣赏《美人鱼》故事和图片，在了解美人鱼外形特征的基础上，孩子们展开想象，画出不同动态、服饰、发型的美人鱼形象。为了满足小美女们成为"美人鱼"的美好期待，我们拍摄了孩子们的照片，并与她们所绘制的半身美人鱼形象进行融合再创作，孩子们惊喜地发现自己成了美人鱼主角。

经过仔细观摩美人鱼的视频和照片，分析了美人鱼的外形特征，教师和孩子们尝试将酒精与水彩进行融合，用银色、粉色的瓦楞纸来创作出闪闪发亮的鱼尾和贝壳，从而更好地表现出美人鱼世界的梦幻。

美人鱼带给我们更多材料选用方面的灵感。孩子们通过分析不同海洋生物的外形特征，分别找到了适合的创作材料，比如适合表现水母的镭射纸、镭射布，适合制作海浪和珊瑚的蓝色雪梨纸和乔其纱，适合制作凹凸

图 3.1 美人鱼布展一角

不平表面的石膏布、石英砂、白胶，制作企鹅的卷筒纸芯，制作海底隧道的玻璃纸，等等。

当然，在探究新材料的过程中，失败也是常见的。有些材料需要晒干之后才能看出效果，比如白胶混合粘贴和石膏布，而在第二天晒干之后，这些材料就自动脱落了，过多的水分渗透进纸板导致不能使用。幼儿在实验前期并不清楚不同材料和水分之间的配比，但是在一次次实验过程中，他们从失败的经验中不断改进，每次加一点水，感知材料晒干后的质感。在运用和探究材料的过程中，丰富与拓展了幼儿对材料特性的掌握，也提升了幼儿从实验和观察中发现和解决问题的能力。

（二）展厅布展

我的展台我做主。前期作品制作完成后，孩子们来到了展厅现场，合作布展。当孩子们有了"海洋世界"主题创想活动这样相对完整的生活经历，在展台上展示自己辛苦创作的作品时，对于每个作品的呈现和表达方式都有了自己的思路和想法。

孩子们希望让所有观展的小伙伴都能走近自己的作品，可以触摸作品，用眼睛和手来感受作品。但是在布展过程中，很多立体作品的呈现出现了问题。一开始孩子们只是把所有作品搬运到了展台上，外围一层十分拥挤，而中间却空空荡荡，孩子们想要走进中间都无从下脚。孩子们七嘴八舌地讨论起来："那其他观展的小朋友只能看到外面的东西，里面都看不到了呀！"结合前期孩子们在海洋馆的实际经验，相比较平面的展示方式，海底隧道小组的孩子们想到可以用和海洋馆类似的方式来呈现他们绘制的"海洋生物大观"。但是，如何将一人高的玻璃纸竖直立起来作为海底隧道，对于空间概念尚不成熟的幼儿来说是个大问题。作为协同者和支持者的教师来说，这也是从来没有尝试过的一种呈现形式。

遇到问题，解决问题。教师和孩子们一起集思广益，回顾以往在幼儿园开展的各种活动，联想到之前在园内秋游时，家委会准备的气球拱门架和竖直的气球杆，直接旧物利用，利用气球拱门架撑起了海底隧道的玻璃纸，剩下多余的气球杆也不浪费，帮助美人鱼小组和鲸鲨小组撑起了用纸板制作的美人鱼和鲸鱼，所有的海洋生物都在展台上"站"起来了！小观众们有了宽敞的行走空间，可以从海底隧道的下方边走边看，欣赏头顶游过的"海洋生物们"。走出隧道就来到了美人鱼区域，站在美人鱼人形立牌后，露出自己的小脑袋，变身"美人鱼小姐"。走到鲸鲨馆，和在大海中遨游的鲸鱼、鲨鱼来个亲密合影。

作品呈现的形式从平面到立体，孩子们发现原本在教室里平面放在桌上的作品一下子变小了，空间变大了不少。企鹅小组的孩子和水母小组的孩子看到其他小组伙伴们的作品都"站立"了起来，十分羡慕。如何将数量众多的企鹅和水母球立体呈现呢？我们回顾了之前在创作阶段观看的各种纪录片，孩子们想到了可以把"企鹅宝宝"们放在"冰山"上，把"水母"们放进"大海"里漂浮起来。有的孩子想到了厨房后门有很多泡沫箱，于是企鹅组的小伙伴们想到可以向厨房的阿姨叔叔要这些泡沫箱来搭建巨型大冰山。看着泡沫箱错落有致地叠放在一起之后呈现的效果，"这不是和我们在纪录片里看到的冰山一模一样吗？"孩子们站在和自己一样高的企鹅立牌旁，把卷筒纸芯小企鹅一只一只送上"冰山"，仿佛身临其境般地帮助小企鹅攀登冰山一样，感受到了成功的喜悦。

（三）正式开展

展览正式开始，孩子们穿戴海洋动物、海盗、环保等服饰，以探险的方式详细介绍了自己对海洋的理解。潘潘、玥玥和馨宇穿上美人鱼的服装翩翩起舞；阳阳和峻州扮演的蓝鲸宝宝和鲨鱼宝宝，正在给大家介绍自己的身体秘密；圆圆扮演的杰克船长气宇轩昂地站在"海盗船"上，举着望远镜眺望远方……孩子们在角色扮演中、身临其境般地介绍自己作品的同时，不仅加深了对这些海洋生物的了解，也给前来参观的家长和其他班级的小伙伴们展现了自己的表达能力。参展的家长们也乐在其中，在展台的不同作品间穿行，时而弯下身钻入海底隧道中，时而跨入海盗船体验一把

图 3.2 孩子们和家长在互动区制作海洋风物品

做海盗的畅快，再和穿着表演服的孩子们来一场亲密合影，在互动区域和孩子们一起制作海洋风布袋、贝壳手链和海洋风摆件。

在展厅上方，我们将作品局部放大的照片展示在环绕整个展台的电子画屏上。孩子们制作的作品形式五花八门，运用的材料和选择的创作元素也是精彩纷呈，如果只是从展台的一端走到另一端，孩子们沉浸在作品的整体氛围中，可能会忽视作品的细节，而选择在电子画屏中展示作品的局部，是一种完全不同的呈现方式。孩子们惊叹于自己绘制的小鱼变大之后居然有如此细腻、丰富的色彩，而看似不起眼的卷筒纸芯制作的小企鹅放大撑满屏幕时，居然那样憨态可掬。电子画屏的加入，真正融合了艺术与实体，孩子们在观展时除了亲身体验作品呈现的壮观和恢宏氛围之外，也能在放大的局部细节中了解到色彩、材料、结构所融合的艺术之美。

整个"海洋公园"策展活动历时 35 天，制作了 142 幅作品。活动后，孩子们收到了来自弟弟妹妹们的赞美和夸奖，还受到了家长们的一致认可。大家不仅对孩子的艺术作品感到惊叹，更因整个活动都出自孩子之手而自豪！

图 3.3 "海洋公园"整体布展环境

解读：

在这场一同探索浩瀚海洋的旅程中，从对海洋好奇、确立活动主题到布展介绍，孩子们是整个活动的主人。孩子们在对不同材料的探索和运用，采用多种艺术形式进行表达、表现的过程中，对不同材料的特性也有了深入的了解，空间造型能力也有了提升。更重要的是，分析和解决问题的能力也得到了锻炼。当然，他们也变得更擅长发现美、感知美、表现美。

案例 2　　一条不简单的玻璃长廊

在东方锦绣幼儿园的西面，一共有三条连接南北教学楼的玻璃长廊。每层的玻璃长廊起初只具备过道功能，它们是如何变成记录孩子们童年生活的"时空隧道"的呢？

起初，教师们利用不同碎片时间分批带大班幼儿去三层玻璃长廊参观，并让他们观察，聊聊他们希望幼儿园的玻璃长廊变成什么样。孩子们纷纷谈了自己的设想，并将自己的想法画了下来。

我们发现，幼儿在观察玻璃长廊的时候都提及了这三条长廊的通透性，不同的时间段光影在地上呈现的效果也是不一样的。因此在设计中，大部分幼儿把自己观察到的光影现象画了出来。基于此，从儿童视角出发，借助玻璃长廊的自然通透现象，以光影为载体，我们想要创造出独特的空间光影氛围。

经过一番讨论，孩子们确定了三个楼层玻璃长廊的主题：一楼是"动物大世界"，二楼是"中国风"，三楼是"我们的城市"。对于这样的主题安排，他们有着自己的理由：我们是从矮到高来思考并设计的，一楼在最底层，靠近趣植园，是小班小朋友经常路过的地方，他们会比较喜欢可爱的小动物；三楼是幼儿园的最高层，就像幼儿园附近的小区一样，高楼大厦是上海的标志；二楼是在中间层，我们最近学的主题叫作"我是中国人"，里面都有一个"中"字，而且我们作为中国人都很喜欢中国元素。以上就是幼儿既有逻辑又简单的设计思路。

（一）光与影的关系

动物王国里有什么？孩子们纷纷讨论起来。

"我家里有动物王国的玩具，里面有很多野生动物，还有恐龙。"

"森林里面的动物也可以呀。"

"什么样的材料才能在地面上形成五彩缤纷的画面呢？"

"会发光的，亮闪闪的纸。"

"我知道，我们在三楼平台玩的那个光影积木也是有颜色的。"

……

回到教室后，幼儿在教室里搜寻一番，发现有一些彩色玻璃纸。于是大家把玻璃纸剪成各种形状，透过玻璃纸看到的世界瞬间变得不一样了，所有的物体都是五彩缤纷的，就用这些玻璃纸来给小动物们穿上新衣吧！

经过讨论和商量，孩子们决定把整个长廊分为两个部分，靠近橘林的一面做光影小动物，靠近菜地的一面做动物园主题。借助一楼不同的室内外空间结构，获得不同的光影互动效果，并根据太阳角度的变化产生阴影形状变化或叠加，孩子们可以去探索遮挡物与光源的位置关系、遮挡物的尺寸和形状与影子的关系，最终形成对物体三维关系与立体感的认知。

图 3.4 一楼光影："小动物乐园"

（二）光与材质的关系

在学习大班活动主题"我是中国人"时，孩子们的眼球始终没有离开过神秘的青花图案。孩子们喜欢它丰富的线条、造型和素雅、明快的色彩。

教师追随幼儿对青花瓷的兴趣，通过绘本欣赏、绘画等方式让幼儿感受到青花瓷白底蓝花、清新淡雅的艺术美，陶醉于底蕴深厚的传统艺术文化。同时，通过在 PVC 透明板上装饰青花瓷花纹，光线在表面反射，幼儿得以感知并形成对物体表面光滑或磨砂的概念，学会区分不同材质的表面特性、纹理、肌理和光照之下产生的视觉效果差异，并在触摸中提升视觉与触觉感受的统一性认知。

图3.5　二楼光影："只此青绿"

（三）光与色彩的关系

在"我们的城市"主题，孩子们使用废旧纸盒、透光彩色纸、PVC透明纸等材料，亲手设计各式各样的都市房子，大胆、流畅的线条，创意灵动的屋顶，花纹迭起的墙面……一个个小设计师拿起手中的画笔——水彩笔、蜡笔、颜料……巧手绘未来，美丽的建筑在五彩缤纷的色彩中多了几分童趣与雅致。

与此同时，幼儿通过观察发现光线照射，物体反射出本身的颜色，也可通过不同的透明度折射出不同颜色的影子。幼儿借助光线的反射、折射、透射识别环境中的色彩，感受这个五彩缤纷的世界。不同的视角、不同的光源亮度也会影响色彩，而色彩的变化能激发幼儿艺术创作的欲望。

🔖 **解读：**

通过幼儿园玻璃长廊改造工程，尝试让孩子们真正参与幼儿园环境创设。孩子们以光影氛围想象为设计起点，探索光影奥秘，感受光影带来的独特之美，使玻璃长廊变得独一无二。正如马蒂斯所说，童年看待事物纯

图 3.6　三楼光影："我们的城市"

真又满怀好奇的眼光是如此珍贵，是成年人需要用一生守护和发掘的"宝藏"。未来，如果在这座幼儿园中长大的孩子们能够幸运地保有用孩童般纯真的"眼睛"面对世界的能力，相信那深深烙印在他们童年的某个时刻，从开窗洒向室内的通透又朦胧的光，会再次浮现在眼前。

案例 3　楼梯转角里的"二十四节气"

　　楼梯转角是幼儿园里不起眼的角落，但也是一个人流量很大的公共区域。东方锦绣幼儿园的楼梯转角是如何从一个原本质朴、不起眼的空间，摇身一变成为孩子们闲暇时光最爱去的地方之一的？秘密就是这里的二十四节气生活角。

　　"周老师，你知道吗？在春天快结束的时候，饮一杯谷雨茶可是很幸福的一件事哦。"毛毛的外婆素来有饮茶、品茶的习惯，毛毛在耳濡目染下，也对茶道逐渐产生了兴趣。恰逢班中在对二十四节气中的谷雨做研究，毛毛对我们说出了她的想法。于是，在和毛毛妈妈沟通之后，毛毛的外婆非常热情地将家中茶具带到了班级，和孩子们分享。

　　谷雨正是槐花盛开的季节。在我们做了"谷雨节气我知道"的亲子调查后，派派妈妈在周末时带着派派来到了植物园欣赏各种花朵。一串串白色的花朵像小铃铛挂在树枝上，派派喜欢极了。因为是做了"功课"之后来到植物园的，派派一眼就认出这是槐花。"小白花味道甜甜的，还可以做成槐花糕。"派派妈妈说道。听到妈妈说的，派派马上说道："那能不能多做一些，我想带给楷楷还有其他好朋友一起吃。"后来派派妈妈在放学时把这一小插曲分享给了我们，我们也邀请派派妈妈来教室做一回父母老师，带着孩子们一起亲手制作美味的谷雨槐花糕。

　　在创设转角环境的过程中，教师提供最基础的画框、桌椅等辅助配置，整个转角的环境创设及区域布局则全交由中大班的孩子合作完成。孩子们会提前了解即将到来的节气知识，然后经过从提出节气相关问题、寻找资料、自主探索或合作发现、收获解疑到共享成果等一系列环节的递进研究，

图3.7　优化后的转角空间

图3.8　路过的家长和孩子驻足欣赏

将关于二十四节气的生活经验进行串联，并用多种艺术创作方式保留下来，呈现在转角。路过的孩子、家长和教师纷纷驻足欣赏，在这一小而精的角落中感受到来自不同班级孩子眼中的节气，从生活中找到的节气之美。

📎 **解读：**

二十四节气是中国人用大自然给生活加上的"标点"，什么节气做什么，什么气候预示什么，已经浸润到中华民族的血脉中，让中国人的生活极具节律之美，同时也反映了中国人尊重自然、顺天应时的智慧。有"二十四节气"的转角，不单单是艺术作品表征静态更迭的地方，更是孩子们将生活中发现的日常美好进行记录与分享的美好角落。

第六节　班级美育空间营造

班级空间，作为幼儿每天在园身处时间最长的空间，是"美在生活"理念的重要空间载体。教室的空间布局如何体现秩序感，玩具和材料收纳如何呈现美感，不同区域在满足基本功能的同时如何体现"生活之美"，如何让教室的每一个角落都充满美感，让幼儿在班级里的每一段时光都温暖美好，是我们一直在探索和思考的。

案例 1 　　　　　　　　"魔法餐厅"

进餐是幼儿园一日生活中的重要组成部分。幼儿进入托班之后，由于分离焦虑，对陌生的环境缺乏安全感，使得吃这件原本开心的事变得不那么开心。改变餐厅氛围，使幼儿愉悦进餐，成为我们观察、探索的方向。

（一）最美餐厅我打卡

在教室娃娃家一侧，摆放了两把沙滩椅和插有彩色遮阳伞的小桌子。这块区域是孩子们时常光顾的地方。托班幼儿眼中的美是直观的，他们喜欢眼睛能直接看到的美的事物。沙滩椅区域桌子、椅子的鲜艳、明媚配色更能吸引他们的目光并停留。孩子们喜欢在小桌子上摆放各种娃娃家餐具和食物，愉快地喝"下午茶"。

但在每天的一餐两点时，孩子们的进餐情绪就不那么愉快了。结合沙滩椅区域的"盛况"，我们邀请家长带着幼儿一起参与"宝贝心中最美餐厅"的调查活动。米乐一家和好朋友一家一起去了游乐园餐厅就餐，米乐喜欢餐厅里的可爱杯子。毛蛋也喜欢这家餐厅，妈妈说她会很快把可爱碗里的食物吃完。灰灰和妈妈一起去了日式餐厅吃饭，灰灰说他喜欢那个爱心形状的碗。悠悠然然姐妹俩常常会去一家西北菜餐厅，爸爸说这餐厅里好看的围兜和不同形状的小碗深受姐妹俩的喜爱，每次去都能大口大口吃得很香。

通过这次调查活动中幼儿及家长的反馈可以看出，环境美和餐具美渗透在了这些餐厅之中，幼儿沉浸在这样一个美的氛围中，有助于稳定他们的愉悦情绪，从而享受美食。因此，用充满童趣的卡通造型的餐具，以及充满童话般的餐厅氛围，能够吸引他们的注意力并且增加进餐的欲望。

（二）城堡餐厅来改造

在一个午后，孩子们午睡起床，穿戴整齐的三也和小爱心先走出卧室，刹那间，他们"哇——"的叫出了声，小爱心赞叹道："好漂亮！"还在卧室中的孩子们听到声音后急忙穿好小鞋子，出来瞧一瞧到底发生了什么事。只见餐厅改头换面变了样，大大的餐桌铺上了胡萝卜花边桌布，桌

图 3.9　城堡餐厅

上摆着立式笑脸气球，小椅子用蝴蝶结拖地纱幔装饰了。整个餐厅洋溢着温馨、美好的氛围，仿佛置身于美丽的城堡餐厅中。

孩子们迫不及待地去盥洗室上了厕所，洗干净小手，立即挑选自己喜欢的小椅子坐下，随即大口吃了起来。就连平时有些抵触的银耳羹，此时他们也吃得津津有味。平时不爱自己动勺子的悠悠也自己拿起小勺吃了起来。平时不太爱吃点心的洛洛看到小汽车餐盘愉快地说："我和小汽车一起吃饭！"不一会儿，洛洛就已经把银耳羹吃得干干净净的。

看得出每个孩子都沉浸在童话城堡的氛围中，变身公主和王子，围坐在一起，愉悦地享受着这顿美食。营造一个美好的进餐环境，让幼儿感受到进餐的仪式感和美好氛围，能激发幼儿主动进餐的欲望。通过改造生活环境中的氛围感，鼓励幼儿热爱美食、享受生活，在自主进餐之余也能激发幼儿的审美感受。

（三）餐具、餐垫我来创

在一次餐后散步活动中，孩子们被二楼展厅中陈列着的大一班哥哥姐姐的"大师秀"所吸引，充满无限智慧创意的线想作品，在绚丽灯光的映衬下显得格外炫彩夺目。小屹在一个小桌子旁伫立不动，被眼前的餐垫、餐具所吸引，拉着老师的手说："老师，看！"周围的孩子也一齐看了过来。哥哥姐姐自制的餐垫和餐具好别致，有多彩的线条组成的圆，有毛线编织的花纹等，给托班孩子带来强烈的视觉冲击。老师便以此为契机，询问孩子们："你们想不想自己设计餐具和餐垫呀？"孩子们不约而同地点点头说："想！"

图 3.10　参观哥哥姐姐设计的餐具

托班年龄段的孩子特别喜欢撕贴、涂鸦等带些重复性的行为，教师就着幼儿们对撕贴、涂鸦的兴趣点，开展了一系列改造餐具、餐垫的玩色活动。幼儿选择自己喜欢的方式装饰自己的餐具、餐垫，有的用撕贴的方式装扮自己的餐垫，有的用牙刷刷出各种彩色线条绘制自己的餐盘，有的用小手点画的方式装点自己的餐垫。

通过教师的引导，幼儿会自己选取餐盘和餐垫，在餐桌上放好，选择自己就餐的座位。孩子们吃饭的积极性越来越高，对食物的接受度也越来越高了。

图 3.11 自己动手装饰
餐垫

📎 **解读：**

　　生活需要仪式感，有时候只需要一点变化就能情趣无限，营造餐厅氛围感就是让孩子的吃饭不再是例行公事。小餐具有大作用，融入撕贴、玩色游戏的餐具，提高幼儿进餐积极性。幼儿可自主取餐盘、选座位，逐渐让幼儿感受到吃饭是一件自己可以选择和掌控的事，更是一件轻松、自在、快乐的事情。而增添鲜艳的桌垫、有趣的餐盘能增强幼儿的食欲，让他们的动手能力变强，变得更有自信，让吃饭变成一件开心的事儿，享受美食，感受生活的美。

案例 **2**　　　　　　　　　　**嘘——午安**

　　午睡作为小班幼儿一日生活中十分重要的一部分，在入学后的第一个月里让教师煞费苦心，也牵动着家长们的心。每天中午总有几个哭哭啼啼的孩子抗拒着不愿意进入午睡室休息。如何营造温暖、有美感的午睡环

71

境，让孩子们能够尽快适应在园午睡，养成良好的午休习惯，东方锦绣幼儿园的教师动足了脑筋。

（一）皮筋发夹的"宝石罐子"

某天午睡时间结束，孩子们起床后陆陆续续吃完了点心，女孩子们开始排队梳头扎辫子。轮到墨墨了，她去午睡室门口的柜子上找自己的皮筋，结果没一会儿便哭哭啼啼地过来跟教师说："我的皮筋找不到啦！"

教师先用备用皮筋给她梳好了头发，可墨墨执意要找到自己的皮筋。于是教师把孩子们召集到了座位上，向他们抛出了问题："每天午睡女孩子们的皮筋和发夹都要从头发上摘下来，放在桌子上总是容易消失找不到，怎么办？""放在枕头下面。""放在老师这里。""就戴在头上吧。"孩子们给出了好多个答案。"那你们妈妈在家里的时候，会把自己的好看皮筋和发夹放在哪里呢？"教师开始引导孩子们从生活经验中寻找答案。丸子举起手，说："我知道，我妈妈会把她的好看的夹子和项链放在盒子里。"

于是教师搜索了一些首饰盒的图片展示在电脑屏幕上，女孩子们纷纷表示也想要一个好看的盒子放自己的皮筋和发夹，上面还要有亮晶晶的宝石。趁着孩子兴趣高涨，教师准备了超轻黏土、彩色纽扣、塑料宝石和硬塑料杯这些材料，和孩子们一起制作了属于每个孩子独有的"宝石罐子"，安置她们的皮筋和发夹。

（二）我不要睡觉

刚开学时，蟹蟹一到午睡时间，总是泪眼汪汪地躺在床上，虽然不会影响其他孩子的午睡，但是他一个中午总是辗转反侧、不愿意闭上眼睛休息。不管是教师抱着他安抚他的情绪，还是坐在床边陪伴他，也不见什么效果。

　　教师和蟹蟹妈妈打电话沟通了蟹蟹午睡的情况。蟹蟹妈妈表示，小朋友在家午睡的时候，她会习惯性地播放一些柔和的音乐，也会跟他道午安，家里的床头柜上还有一个软软的拍拍灯。从这次谈话中，教师受到了启发。两天后，在午睡室的一个角落里，厚厚的地垫上支起了一个小小的帐篷，帐篷里有柔软的靠垫和毛绒玩具，配合淡黄色的毛球装饰，旁边的墙面上是孩子们午睡时候的照片。帐篷旁边的小桌子上摆放着熊猫拍拍灯和星空灯。

　　孩子们发现了午睡室的变化。"睡觉房间好漂亮呀，我也想去那里玩。""好可爱的小狗呀，我可以抱着它睡觉吗？"蟹蟹今天没有像之前那样抗拒进午睡室，而是跟着其他孩子一起走了进来。他走到地垫旁边，蹲下来抱住了垫子上的毛绒小狗玩具。教师告诉他，如果睡不着，可以在这个小帐篷里待一会儿。

　　蟹蟹抱着毛绒小狗，坐在小帐篷里，听着舒缓的音乐声，也忘记了掉眼泪，教师没有打扰他，而是留他在垫子上自己待着。过了一会儿，蟹蟹

图 3.12　蟹蟹的情绪得到安抚，抱着小狗睡着了

身子歪歪地倒在了帐篷里的靠垫上睡着了。

（三）我们的卧室里有星星

拥有了独立小帐篷和毛绒玩具的午睡室，让孩子们每天都对午睡这件事情产生了期待。女孩子们午睡之前，都会记得把头发上的皮筋和发夹摘下来放在属于自己的小罐子里。教师和孩子们在熄灭午睡室的顶灯后，会互道午安，然后点亮小桌子上的拍拍灯，让温暖的灯光陪伴孩子们入睡。

不久，孩子们对午睡室又有了新的期待。这天橙橙又来问老师："我们睡觉的时候可不可以在睡觉房间里变出星星呀？"这句话让教师受到了启发，自然界中星空的美可以在孩子们的午睡间里实现吗？星空灯或许是一个可以让孩子感受光影变化的好东西。于是，午睡室的天花板上开始变出了星空的模样。

孩子们第一次看到星空灯投射到天花板上时，接连不断的赞叹声从不同的角落里响起。"好漂亮啊！""屋顶上有星星！"下午放学回家，橙橙一

图 3.13　星空灯的变化满足了孩子们让午睡室变出星星的愿望

见到妈妈就拉着她的手说："妈妈，我们的睡觉房间真的有星星了！"

解读：

　　对午睡室的区域改造，让午睡室不仅仅具有实用功能，更让午睡室这个空间充满了安全感、温馨的氛围感，还有来自幼儿共创的美感。午睡室作为生活环境的一个重要区域，是幼儿教室环境中的一部分。将色彩美和自然美融合到生活环境中，让幼儿在午睡过程中也能寻找到快乐，获得对于这个空间的归属感。

　　幼儿对于个人物品有一定的归属感，让幼儿在午睡前将自己的个人物品物归原处，既培养了幼儿良好的收纳习惯，同时这个具有仪式感的动作也让孩子们接收到准备午睡的信号。在制作皮筋收纳罐时，教师赋予了幼儿选择、自主和自我实现的能力。女孩子们为自己的皮筋收纳罐取名"宝石罐子"，主动参与收纳罐的制作和装饰，她们将家庭生活中观察到的妈妈的首饰盒和自己的"宝石罐子"联系起来，从一开始的感受美到之后的参与创造美，并将创造出的收纳罐融合在教室的生活环境中。这样具有个人独特痕迹的物品，让小朋友对于午睡室也逐渐产生了亲近感。

　　通过家园沟通，教师将午睡室的角落与幼儿的家庭环境和氛围贯穿起来，把家的元素延伸到了最具有私密性的卧室，让幼儿通过小夜灯昏黄的灯光，毛绒玩具柔软的触感，对午睡这件事的心理抵触逐渐降低。而地垫上的小帐篷、柔软的毛绒玩具、舒适不刺眼的光线，为幼儿提供了一个真实的独处空间，这些因素都有助于幼儿获得稳定、可靠的安全感。

　　教师从幼儿的好奇心和想象力出发，将自然界中的星空宇宙用投影的方式呈现在午睡室的天花板上，既增加了午睡室的空间美感，又让幼儿感受到了光影的形状、颜色、明暗的变化。

最美盥洗室

盥洗室是孩子们如厕、洗手和整理衣物的地方，通常由保育阿姨负责维持干净整洁。尽管如此，班上还是有个别孩子不喜欢上厕所，从不在幼儿园大便。绝大部分孩子愿意看着洗手台上的"七步洗手法"提示图，仔仔细细地洗手，但也总有几个孩子随便冲两下就离开。在和家长的沟通中教师还发现，有的孩子在家上厕所需要成人陪伴，洗漱也需要在催促下完成。

（一）说说你的理由

从日常的观察和与家长的沟通中，教师得知有一部分幼儿是不喜欢盥洗室这个环境的，洗手、如厕这样的生活环节并没有带给幼儿愉悦的情绪体验。只有倾听幼儿的真实想法，才能捕捉到真正的原因。教师邀请孩子们用记录的形式表达自己是否喜欢幼儿园的盥洗室，喜欢和不喜欢的理由分别是什么。他们是这样表述的：

墨墨："我喜欢幼儿园的盥洗室，因为墙上有小猫贴纸，我觉得很可爱！我喜欢泡泡洗手液！"

兜兜："我喜欢小小的马桶和小小的洗手台，小朋友用正合适。"

沫沫："我喜欢洗手台上放的几盆花，我觉得很好看！"

魏雨柠："我不喜欢，厕所里会有小虫子。"

宥宥："我觉得厕所里放一些蚊香，就不会有臭味了。"

亿欧："我不喜欢，地板湿的时候有点滑，坐在马桶上冷得瑟瑟发抖！"

孩子们对于幼儿园的盥洗室都有自己的感受和想法，如果把幼儿园的盥洗室装扮成大家都喜欢的模样，是不是能让上厕所这件小事变得更加轻松、愉快一些呢？

通过幼儿个性化的记录和表达，鼓励他们大胆说说自己喜欢和不喜欢的理由。教师发现幼儿对于盥洗室的喜欢或不喜欢都与他们视觉、嗅觉或触觉所获得的感受有关。幼儿会被盥洗室里的小装饰吸引，说明他们会欣赏生活中美的事物，能关注其色彩与形态的特征，并被自己熟悉的、喜爱的事物吸引。同时，幼儿也会关注到气味、温度等，小虫子、潮湿和冰冷的感觉会令他们产生不悦和不满。幼儿对于盥洗室的环境改变是有期待和需求的。

明确了以上这些原因，教师就能根据幼儿的需求，有针对性地调整空间布局、环境材料等。那么，什么样的盥洗室是美的？是温暖干爽的、气味芬芳的，还是色彩协调、装饰精巧的呢？我们一起去寻找和探讨吧！

（二）寻找"最美盥洗室"

为了寻找最美盥洗室，孩子们决定做一个小调查——"我家的盥洗室"，展示自己家里的盥洗室里最美的一角，比比谁家的盥洗室最美。

没几天，孩子们带来了一份份和爸爸妈妈一起完成的小海报。有的拍摄了家中盥洗室的一角，打印出来；有的把盥洗室里可爱的装饰画出来，介绍给大家——有可爱的鸭子擦手巾、鲨鱼防水帽、小狗造型的小马桶、自动出泡的洗手液、小熊背包纸巾盒，还有散发香味的香薰瓶、可爱的地垫和洗澡玩具。盥洗室里的这些小美好，让孩子们在洗漱、洗澡、如厕的时候增添了一份好心情。

还有比家里的盥洗室更美的盥洗室吗？蛋蛋说："我去过迪士尼乐园，那里的盥洗室还要好看嘞！""对对，有米奇米妮的镜子，我好喜欢。"欣欣说。那就来找找孩子们见过的"最美盥洗室"。通过和爸爸妈妈一起从网络上查找、从相册里翻阅，幼儿寻找到松江的"溶洞盥洗室"，洗手台上还有长长的钟乳石；找到造在花园里的盥洗室，周围全被花朵包围了；找到迪士尼乐园的盥洗室、蓝精灵主题乐园的盥洗室，里面有很多可爱的卡通人物；还找到挂着很多装饰画，有着漂亮的墙壁和地板的盥洗室。

原来，盥洗室里除了马桶和洗手台，还可以有那么多有趣的东西。如果幼儿园的盥洗室是整洁干爽的，有着淡淡的香气，还有可爱的卡通小摆件等，是不是也能变成"最美盥洗室"呢？孩子们就会更喜欢这里了吧？

（三）创设"最美盥洗室"

在感受美、欣赏美的基础之上，孩子们对美的追求更进了一步——他们想要把幼儿园的盥洗室变成世界上最美的盥洗室。那么，怎样来创设呢？听听孩子们对此有什么想法。

蛋蛋："马桶上装一个除臭的东西。""我觉得这里可以贴一个奥特曼，还想加一个蜘蛛侠和钢铁侠。"

赵锦宁："我觉得这个墙壁上可以贴点小贴画。"

沐沐："我想在洗手台上贴一点小爱心，还有小花亮片。"

梁臻："我可以在墙上贴我的照片吗？再加一点小鸭子。"

元宝："我想要放一个可爱的小松鼠。"

有了前期的信息收集，幼儿对美的认知有了具体的指向。结合对班级盥洗室的再次观察，幼儿生出了很多的想法，围绕视觉和嗅觉的感受，想要从装饰物和改善气味入手，加入自己喜欢的元素，创设最美盥洗室。

教师买来香氛瓶的材料，幼儿把好看的干花插在瓶子里，左看看、右看看，怎样插才最好看呢？幼儿把插花插成自己最满意的样子，再滴上几滴玫瑰精油，好香、好美啊！幼儿把制作好的香氛瓶小心地捧进盥洗室，放在哪里好呢？太高了怕闻不到香味，太低了怕被粗心的小伙伴打翻，比画了半天，最后放在洗手台的角落里。孩子们趁着空闲都会跑进去看一看，闻一闻，再笑眯眯地走出盥洗室。

在一次蒙德里安的作品欣赏之后，孩子们觉得红、黄、蓝这三种颜色在幼儿园的盥洗室里也有，也可以做几幅画挂在墙上，应该会很好看。幼儿们一起用红色、黄色、蓝色和黑色的即时贴，通过剪一剪、贴一贴，拼贴出好看的图案。他们还从阳台的自然角找来几个透明的空瓶子，贴一贴，变成了好看的"红黄蓝瓶子"，一起到户外折几枝桂花、摘几丛小花，插在瓶子里，把大自然的美好请进盥洗室。孩子们用馥郁芬芳的桂花、俏皮可爱的野花来装点盥洗室，这是喜爱自然、发现美好的具体表现。

通过观察教师发现，有些孩子如厕完裤子还没有提好就冲出盥洗室；有些孩子如厕后，裤子提得歪七扭八，一个衣角在里面一个衣角在外面；有些孩子户外活动结束进来后头发乱了、辫子散了、小脸脏了。这时候怎么才能让他们发现自己的不整洁并且愿意主动调整呢？

教师在盥洗室增设了全身镜、小镜子、小梳子。如厕后，孩子们不再急匆匆地走出盥洗室，而是在提上裤子后去照一照全身镜，看看衣裤是不是整齐。午睡起床后，孩子们会站在全身镜前整理衣服，检查纽扣是否对齐、衣领是否翻好。女孩子在梳完头后，会去盥洗室欣赏一下自己的发型，自己把发夹戴上。用餐后，当和孩子说"你的脸没擦干净"时，他们会马上进盥洗室，对着镜子照一照，仔仔细细地擦干净。在盥洗室里，幼儿喜欢照镜子，关注自己的仪容仪表，努力让自己保持干净美好的形象，这是幼儿追求自我仪表美的开始。

在大家共同的思考和创造下，幼儿园的盥洗室变得越来越美了！孩子们用自己对美的理解和表达，创造出一件件装点生活的物品。孩子们喜欢在幼儿园的小马桶上如厕，在盥洗室从容淡定，各取所需。他们仔细地洗个手，凑近闻一下香，欣赏一下贴纸或者画，看一看瓶子里的花草有什么变化，做完这些再开开心心地走出盥洗室。

📎 解读：

在展示"我家的盥洗室"和寻找"最美盥洗室"的过程中，幼儿发现和搜集美的物品，并把自己发现的美的事物介绍给教师和同伴。他们能关注盥洗室所处的环境、造型的独特和整体的氛围。他们会被好闻的气味、熟悉的卡通形象，以及一些特殊的功能打动。在寻找的过程中，幼儿的审美情趣和对美的感知力正在生发。

通过环境和材料上的一些调整，让上厕所这件小事变得轻松愉悦，让盥洗室实现其功能的同时，也成为幼儿养成良好卫生习惯、提升审美素养的地方。比如，迁移家里和商场里使用香氛瓶改善气味的经验，教师提供了香氛瓶DIY的材料，幼儿通过组合摆放，感知造型的高低、前后和稀疏，香薰精油淡淡的香味引发了幼儿愉悦的情绪。相信"最美盥洗室"的创设，也会随着幼儿对美的理解的深入和变化，适时做出调整和改变。

案例 4 　　美工区大变身

在周五的乐创活动中，叮当和事事率先举起了手，迫不及待地想要分享他们在上个周末的所见所闻。事事说他在周末的时候去了宜家，感觉那个地方像家一样很温馨、很温暖。他看到了一些放置在床上的柜子，上面摆着一些相框和书；还有一些床是在书桌上面的，当学习累了的时候，就可以直接爬上去睡觉……他觉得这些都很方便，很有趣！

叮当说他去了巧克力店，里面有很多不同颜色的巧克力，都是按照颜色分类的。他发现巧克力有单色和混色，有爱心形状的、花朵形状的和啤酒瓶形状的，还有鞋子形状的收纳盒，他觉得非常神奇。

小鱼儿这时指着美工区说道："你们看，是不是和我们美工区的手工纸一样，也是五颜六色的。"这时，滴滴抱怨他每次拿出来就放不进去了。曦曦也附和："我也是，小的手工纸拿出来就放不进去了。"

小十举手和大家说自己家里有洞洞板，他可以把自己需要用到的工具放到洞洞板上，方便拿取。他认为可以将洞洞板同样放置在美工区，用来放材料和工具。周末去过宜家的乐琰也分享说在宜家看到了洞洞板，可以把很多东西放在洞洞板上。大家都觉得这是个好主意。

（一）关于美工区收纳的想法

接下来的几天里，孩子们跃跃欲试，大刀阔斧地想要把美工区好好改造一番。有的孩子提出要把一个转角柜和两个柜子分成三段式，说这样方便进去拿东西。糖糖、垚垚、溜溜等为此还设计了进口和出口路线图。

过了几天，曦曦说她觉得最靠近门的那个柜子实在太远了，拿材料还是不方便。于是几个孩子又开始忙碌起来，将柜子挪来挪去，搬来搬去。终于，美工区又被"改造"了一遍。滴滴开心地说美工区像一个小房子了！

而在另一边，有的孩子认为材料和工具要分开，工具里面有剪刀、胶棒、双面胶。小十觉得这些可以分类放在盒子里，挂在洞洞板上，他在宜家就看到过这样的。而事事问道："材料呢？"叮当回答："有颜料，丙烯笔，手工纸嘛！"一些孩子认为，大小不同的手工纸、卡纸，都是纸类，可以按照材料来区分；而有的孩子认为应该根据颜色来设置摆放区域。

于是大家决定把自己的想法用绘画的方式记录下来，还有的幼儿打算通过绘画来呈现一些问题，最后在教师的建议下，大家通过分享和投票，总结了归类的方法。

（二）纸筒大变身

"拿丙烯笔的时候要找很久，而且别的小朋友也在找，我翻了很久根本找不到。""对对对，我上次拿了手工纸出来，可是我想换一个颜色的纸，但原来的这张就是放不进去，我叫其他小朋友帮忙，他帮我插进去了，但是纸也皱了。"大家七嘴八舌地你一句我一句。只见淼淼跑到美食店里找到了一个餐厅标识放置筒，说："你们觉得这个放丙烯笔怎么样？""可是这只有一个筒啊！一盒丙烯笔有48色呢！"有孩子质疑道。"那可以多做几个筒连在一起就好了呀。"淼淼说。于是这几个孩子在百宝箱里找了很久，好不容易才凑齐。他们把纸筒卷芯搭在一起粘牢，又选择了用报纸装饰。"这样才好看又方便嘛！"几个孩子开心地说道。

而另一边，围着他们看到了用卷筒纸芯搭出笔筒的小鱼儿也在若有所思，似乎也想到了好办法。他跑去瑄瑄那里商量："他们的卷筒纸芯是竖着的，我们也可以试试看能不能放些手工纸进去？"他们当即拿了一个卷筒纸芯试了起来，结果发现手工纸更不好拿了。瑄瑄在一旁说："可能我们需要一个更大的筒。"于是在百宝箱里找了起来。功夫不负有心人，大筒被他找到了。他试了试，发现还是不好拿取手工纸。曦曦在一旁观察，发现只要筒换个位置把纸弯弯地放进去就可以了。小鱼儿说："哇！我们太棒了。"瑄瑄建议道："我们像淼淼他们一样把筒叠起来吧。"

（三）色彩墙

这几天，有些孩子在画画时发现，制作了笔筒放丙烯笔还是需要不停地翻找自己需要的笔的颜色。这时大家犯了难，怎么办呢？几个孩子在一起讨论了起来。这时糖糖一拍脑袋说道："之前老师说过有相邻色，互补色，还有——""还有渐进配色！"事事说道。"是啊是啊，我们可以按照相邻色去分类呀！"淼淼说道。于是几个孩子行动了起来，将笔进行了分类。只见他们把粉色、红色放在一起，又把蓝色、深蓝、靛蓝放在一起……最后将类似颜色的笔分到了一个筒内。他们开心地说："现在找笔更方便啦！"

另一边，妤珩和思弈也将手工纸按照邻近色的搭配放入了信盘置物架内，高兴地来找老师："老师老师，我们把手工纸按照搭配放进去啦！这样可比以前好拿多了。"乐琰和小十依然对逛了宜家的经历念念不忘，看到大家都按照颜色对材料进行了分类，也跃跃欲试起来，说："我们在宜家看到了一面相邻色搭配的彩色墙，我们想把工具和材料挂在墙上。"于是几个小小"收纳师"又开始对美工区改造了起来……

图 3.14　美工区改造前

图 3.15　美工区改造后

解读：

孩子们结合生活中逛家居商场的经历，开始对收纳这件事有了些许概念。他们通过在教室里观察、发现美工区凌乱、不便拿取材料和工具的现象，自然萌发了对美工区进行改造的想法。

在这次美工区的改造中，孩子们经过几周梳理整理的经验，挑战不同的分类，最终梳理出合适的收纳方法。他们在不断整理、试错的过程中，从一名收纳"小白"蜕变成为一名小小"收纳师"。在这过程中，他们用一双双发现美的眼睛，将看到的生活经验融入了一日生活中，美不单单是为了好看，更是为了更方便地收纳与整理，将看到的色彩美呈现出来，从中孩子们感到了满满的成就感，相信这就是"美在生活"的意义所在。

案例 5　　雨衣晾晒架的创意改造

　　每到下雨天，到户外游戏都让孩子们兴奋不已，给孩子们带来了别样的趣味和快乐。可是湿淋淋的雨衣怎么处理呢？孩子们纷纷讨论解决办法。

　　"我觉得可以把我们的雨衣挂起来呀！""挂哪里呢？""我们家都是挂在阳台上的。"经过一番调查和讨论，孩子们决定用升降晾衣竿来晾晒湿淋淋的雨衣。他们认为，不论外面天气如何，这种家用升降晾衣竿在阳台中升降晾晒完全不会影响孩子们正常的一日生活。太阳好的时候升降晾衣竿可以稍微降低一点高度，让雨衣充分晾干，防止潮湿带来的霉味。

　　班级里的小阳台就像家里的阳台一样，升降的设计完全满足了孩子自主动手的意愿。他们小心翼翼地将雨衣挂上晾衣架，然后调整晾衣架的高度，让雨衣能够更好地晾干。看着自己的劳动成果，孩子们感到非常自豪和满足。从那以后，每当下雨天，孩子们都会穿上雨衣，开心地在雨中玩耍。雨衣湿了后，他们就会把雨衣挂到阳台的升降晾衣竿上晾干。

　　可是有些特殊布局的班级没有阳台怎么办？这个问题让孩子们感到有些困扰。于是，他们开始思考解决办法。"我们可以在班级外面找一个地方晾晒雨衣啊！"一个孩子提议道。其他孩子们纷纷表示同意，并开始寻找适合的地方。他们尝试了将教室里娃娃家中的晾衣架摆在了教室门口的走廊。但是雨衣长短不一，有些长长的雨衣就耷拉在地上，弄得脏兮兮的。于是孩子们开启了一番雨衣晾衣架的调查。不久，孩子们发现了一款隐形壁挂晾衣架。这种隐形的晾衣架固定在教室门口的墙面上，当需要晾晒时翻折开，非常便捷。

孩子们还将这些折叠式晾衣架进行了创想改造，借形想象成为一栋栋有趣的房子，用线与色块将这些晾衣竿连接成了一个小城镇。而孩子们就出现在这个城镇的各个角落，趣味十足。

图 3.16　折叠式晾衣架的创想改造

图 3.17　晾衣架高度考虑到孩子日常身高

解读：

美育环境的创设，有时候也体现在一个个很小的细节里，比如晾晒雨衣。孩子们迁移家庭晾晒经验，活用阳台空间，并提供适合幼儿操作的升降把手，鼓励幼儿参与，让雨衣晾晒架俨然成为一道亮丽的风景线，让美在幼儿园的每一个角落绽放。通过这些创意改造，孩子们不仅让晾衣架变得更有实用价值，还赋予了它们更多的艺术性和趣味性。

第四章

生活艺术家：
幼儿美育的内容与实践路径

第一节　生活处处皆美好

　　《3—6岁儿童学习与发展指南》中指出："幼儿艺术教育的内容选择应关注艺术学科内容与幼儿已有生活经验的契合；选择那些既具有文化内涵，又符合幼儿自身特定的生活经验、愿望与情趣的作品，尤其让幼儿关注周围自然环境和生活中美的事物的欣赏与感受，并特别强调尊重幼儿自发的、个性化的表现与创造，倡导幼儿用自己创造的艺术作品来表达思想情感，美化生活，通过对艺术的参与形成对艺术活动的热爱的态度。"①

　　因此，在美育的内容选择上，东方锦绣幼儿园从幼儿日常生活范畴出发，选择最为贴近幼儿生活经验的素材和事件作为美育内容，让幼儿感受艺术之美、自然之美、生活之美。

一、艺术之美

　　艺术是美的集中体现，是人类高级精神文化产物。艺术之美，即是以艺术作品或艺术活动为载体的美育活动。"儿童艺术的魅力还在于它从本

---

① 李季湄，冯晓霞.《3—6岁儿童学习与发展指南》解读［M］.北京：人民教育出版社，2013：159.

质上讲是儿童自主的活动，是儿童认识世界、理解世界、与外界交流的工具。在艺术活动中，儿童不仅能够表达自己的所知所感，还能够整理、整合自己的经验，不断建构自我。"①

在艺术之美的美育实践中，教师着重开展以下几方面工作：

1. 构建幼儿与艺术的链接

通过创造良好的氛围，展示经典艺术作品，让幼儿有良好的欣赏环境，获取情感、视觉和思想等多维度的感知体验，鼓励他们探索、观察和思考。

2. 制作艺术大师的简介

将一些艺术大师的照片和作品张贴在环境中引起幼儿注意，和孩子们分析艺术家的故事和生平，并制作一份简短的介绍，帮助孩子们更好地了解艺术大师的作品和他们的艺术风格。

3. 引导幼儿谈论艺术作品

利用儿童的学习或生活经验引导他们观察画作或者雕塑等艺术作品，鼓励儿童大胆发表自己对作品的看法，引导他们思考创作者的想法，理解作者的用意。

4. 提供适宜的操作材料

根据孩子们的兴趣和年龄，为他们提供适宜的材料，如颜料、画笔、纸张、黏土、各类半成品等，通过活动、游戏等方式让儿童了解和体验不同的艺术形式和表现方法，激发儿童的创造和欣赏能力。

5. 展示和讨论作品

鼓励孩子们在家庭和学校环境中展示自己的作品，并给予积极的反馈

---

① 克莱尔·格罗姆.心理学家看儿童艺术［M］.石孟磊，俞涛，邹丹，译.北京：世界图书出版公司，2011：2.

和表扬。同时，组织一些小型的艺术展览或讨论会，让孩子们有机会分享自己的创作，互相学习和启发。

案例 1　　　　与蒙德里安对话

最近，教室里的那本《花格子大象艾玛》深受孩子们的喜爱。艾玛和别的大象不一样，它是大家的开心果，善于用自己的与众不同转换为独特的幽默感，带给大家快乐。绘本中运用温暖明亮的色彩营造出大象们生活的温馨场景，塑造了一只独一无二的花格子大象。在自由活动中，教师发现孩子们也在创造一些花格子动物。借着这个契机，教师向孩子们介绍了善用色彩和格子的艺术大师——蒙德里安。自此，我们与蒙德里安的对话开始了……

（一）在欣赏中与作品对话

蒙德里安是著名的新造型主义代表画家，他的作品对当代的建筑、设计都有很大影响。特别是他以几何图形为基本元素创作的作品，色彩鲜明、风格突出，尽管只有色块和线条，却能让幼儿产生丰富的联想，获得别具一格的审美体验。

午饭后，教师与孩子们一起坐下来欣赏蒙德里安的作品，以一种轻松的氛围聊聊大家对于大师作品的直接感受。大班孩子已经有一定的观察能力，并能与同伴交流分享。大部分孩子能直接表述出这幅画里面有红色、黄色、蓝色还有黑色。很显然，明亮的色彩有很强的冲击力。还有一部分孩子更关注作品中物体的形状。"怎么好多格子呀，是要跳格子吗？"一个女孩子和旁边的好朋友好好说道。好好一边仔细地看一边说："这些线都是直的，而且有的短，有的长。""红的、黄的、蓝的，我感觉真好看！真整齐！"桐桐忍不住站起来说，"我在楼梯口也看到了这样的红黄蓝作品，每次我们下去运动都会经过。""我也看到了！"班级的其他孩子也呼应着。

当第二幅欣赏作品出示在孩子们眼前时，他们的关注点不单单停留在颜色上了，更多的是表达了"它像什么"。孩子们在欣赏时提出了疑问，表达自己的直接感受。"这是什么呀？我感觉有点奇怪……""我觉得有点像一条条马路，上面一个个小方块是路上的行人。""中间那个红色的看上去像房子。""是消防车。""老师，这是一个停车场吗？""这个看着好晕啊，像走迷宫一样。"

当孩子们第一眼看到作品时，便对作品产生了独特的感受与理解。抽象画没有具体的形状与图案，而是通过色彩和线条等形式要素来表现其思想。孩子们虽然难以理解表现手法，但却能够出于本能地对其进行感知。孩子们从全是色块和线条组成的抽象作品中衍生出了具体形象。他们将作品中的格子命名为房子、车子、行人等，而这也与蒙德里安画笔下当时纵横交错、高楼林立、霓虹闪烁的纽约有着本质的相似。

（二）在创作中与大师对话

在欣赏了两幅作品之后，教师发现幼儿在自由绘画中出现了红、黄、蓝的创作元素，这正是艺术欣赏带来的真实体验，孩子乐于去重复，再加入自己的创作中，变成新的可能。

格格说："我画的是过生日的场景，妈妈请来了很厉害的糕点师为我做生日蛋糕，还把客厅布置得非常漂亮，彩色的旗子和气球布满整个房间。画面里有两个服装间，一个是妈妈为我准备的，另外一个是我为我的好朋友们准备的，里面有很多亮闪闪的裙子。在左上角还有七张小床，过好生日之后，我们可以在这里休息。"

周周说："我画了两个房子，高高的楼房是我们的小区，旁边的那个是学校。还画了平时我们户外游戏时玩的清水积木、教室里的书架、自己出的算术题、小水坑旁边的鸭子、商场里陈列的玩具、夜晚的星空、江上的轮船、长长的火车……"

通过幼儿的表述能够看出，有的幼儿整幅画面描绘的是一个主题下的场景，而有的则是把这一个个格子变成独立的小场景。他们把现实中发生的和想象的融为一体，画面内容极其丰富，细节颇多。当老师问周周："如果让你给你的这幅作品起一个名字，你觉得叫什么比较好？"周周有些犹豫，正在他犯难的时候，元宝说了一个答案——"一周"。很简短，但是确实很合理。因为这幅画里面包含了很多内容，是一周里面会经历的事情。于是周周接受了这作品命名——"美好的一周"。

（三）生活中的蒙德里安

周末过后，有孩子说："老师，我在妈妈的手机上也看到了蒙德里安风格的作品，是一个包包。""是呀，蒙德里安风格的作品在我们的生活中也很常见，很受设计师们的喜爱。那你们想不想也来做一次设计师呢？"

这一提议得到了很多孩子的认可，并表示出极大的兴趣。教师鼓励孩子们发现班级中可以运用的材料，如纸杯、纸板、玻璃纸、即时贴、透明手提袋等。他们不再拘泥于单纯的模仿，从平面涂鸦到立体设计，尝试在多种材料上展现艺术形式。通过折叠、按压、剪贴的形式，孩子们感受纸的变化，设计线条的走向和颜色，建造出独一无二的房子。利用三原色超轻黏土制作纸杯动物，感受立体材料与平面材料的不同；还设计蒙德里安式服装，用即时贴作画，原来这么好玩！

图 4.1　利用三原色超轻黏土制作纸杯动物　　图 4.2　利用三原色丙烯颜料绘制手提袋

图 4.3　蒙德里安式服装走秀

解读：

　　孩子们是天生的艺术鉴赏家。在欣赏蒙德里安作品的过程中，他们会调动已有的生活经验，并以此为基础对作品加以欣赏和理解。他们对作品主题的理解也在一次次与作品的对话中逐渐明朗。

　　幼儿也是天生的创作家。他们从蒙德里安的作品中汲取灵感，并运用于自己的创作中，用丰富的色块以及材质表现自己观察到的或想象中的事物，乐于运用多种工具、材料或不同表现手法来表达自己的感受与想象。创作完成后，他们还将自己的作品用于环境布置，真正实现了用艺术装点生活。

一个波点，无限可能

孩子们眼中的草间弥生，并不是一个"怪婆婆"，而是一位圆点魔法师，她可以把点点带到任何地方，变成任何想要的东西。孩子们对草间弥生的波点世界感到十分惊讶，原来一个点点元素，竟能玩转出各种各样有序又有趣的作品。于是，大大小小的波点也成了孩子们手下的波点世界！

（一）邂逅波点王国

一次午饭过后，教师和孩子们散步到了幼儿园二楼的艺术长廊，孩子们边走边欣赏着哥哥姐姐们制作的作品。"哇，好多点点啊！""这些南瓜好特别，不是用线画的，是用点点画的。""点点会从南瓜里逃跑吗？""这些圆点是像小火车一样整齐地排列着的。""点点里还藏着什么秘密吗？"

孩子们沉浸在波点的世界中，越来越多的孩子加入其中，热火朝天地讨论着自己喜欢的点点。"我喜欢蓝色的点点，天空也是蓝蓝的哦。""我喜欢红色的点点，红红的像太阳，看起来暖暖的。""我喜欢绿色的点点，我最喜欢绿色的草地了，可以躺在上面玩游戏！""我喜欢黑色的点点，我妈妈的裙子就是黑色点点的，她穿上去可漂亮了。""我家里有波点的床单，每次我睡在上面就像睡在五颜六色的海洋球里一样。"

孩子们对波点艺术的热情和好奇心，让教师意识到他们对艺术的理解和表达能力正在不断发展。看着孩子们对这些点点的赞叹和惊讶，听到那些稚嫩有趣的"十万个为什么"，我们的波点艺术也如约而至了。

（二）走进草间弥生

有了前期观赏波点作品的经历，孩子们开始对身边的波点格外留意。幼儿园中庭的草坪里有一个白点点的红蘑菇；今天午饭后吃的香蕉皮上有黑色斑点；萌萌今天穿了一件粉色波点的衣服……

基于孩子们的兴趣，在一次活动课上，教师向孩子们介绍了艺术家草间弥生的生平以及她的作品。草间弥生的作品充满了鲜艳的颜色和各种各样的图案，如点点、花朵、线条等。孩子们被这些作品中充满活力和欢乐的氛围所吸引，开始对草间弥生的艺术风格产生好奇。孩子们也被作品中的细节和色彩所吸引，开始发现作品中的一些有趣的元素和形状。"你们瞧，草间弥生的波点虽然有的大，有的小，但是这些波点都遵守波点王国的规则，都按照大小整齐地待在自己的队列里呢！""对呀，这颗大南瓜上全部都是黑色的点点，就像黑漆漆的洞一样！""可是，这个雕塑里的点点好像跳起舞来了，它们都没有按照规律在排列。""真有趣，胡萝卜和蝴蝶也都穿上了波点的服装。""老师，我发现了草间弥生奶奶的圆点和背景的颜色不一样，看起来真漂亮。"

（三）波点变变变

在一次"波点变变变"的美术活动中，教师向孩子们提出了一个问题："什么工具可以创作出波点呢？"于是孩子们开动脑筋在教室里搜集各种材料。

"我找到了气泡膜，按压一下可以有波点。""我找到了海绵印章，蘸一蘸颜料宝宝也可以变成圆圆的波点。""我找到了棉签，可以变出小波点呢！""我可以用超轻黏土揉一揉，压一压，变出波点来。""我什么工具都不需要，只要用手指点一点就能变出波点，我厉害吧！"……

　　于是，孩子们用不同的形式开启了创作之旅，涂鸦、拓印、撕贴以及超轻黏土的揉捏等。随着孩子们对草间弥生大师越来越熟悉，他们的表现也越来越丰富了，开始设计自己的创作规律，如直线、竖线、曲线、斜线，然后开始有一些小的变奏，比如从大到小、从小到大、十字形、圆形、方形等。

　　在一次户外游戏中，教师无意中听到了孩子们之间的对话。朵朵对着一顶白色的帐篷若有所思地念叨："我觉得这顶帐篷如果加上波点的话会更漂亮吧！"瑶瑶在一旁接话："没错没错，我想用海绵印章在上面印上五颜六色的波点，一定美极了！""能在波点帐篷里野餐那可就太棒了！"朵朵高兴地叫道。

　　将波点世界搬出教室、融入生活物品的想法，在孩子们心里萌发。瞧！展厅里的纯白世界，帐篷、T恤、帆布包、纸伞、大卫雕塑头像、花瓶、各类纸盒、画框等，与幼儿们一起在波点的世界里尽情创造，尽情释放。

　　飞飞拿起一顶白色的油纸伞，左看看右看看，接着他拿起一张粉色波点贴纸沿着伞的边缘小心翼翼地贴了起来。贴满了外圈后，他又从材料车里拿出了海绵印章，蘸取了金色颜料把里圈也印满了。君君选择了鲜艳的红色，她用印章轻轻触碰纸张，波点从画笔上飞溅出来，像是一团团火焰

图 4.4　在波点的世界里尽情创作

在纸上跳跃。小宇喜欢柔和的蓝色，他用细细的画笔在纸盒上点出一个个小小的波点，仿佛是天空中的星星在闪烁……

就这样，在小小艺术家们的巧手下，原本雪白的场景逐渐呈现出一片缤纷的、独一无二的波点世界。

📎 解读：

一个小小的波点有着无限可能。孩子们通过欣赏草间弥生的艺术作品，近距离赏析波点艺术，尽情感受波点的美，体验与波点碰撞的奇妙。孩子们不仅仅认识了草间弥生这位艺术家，更重要的是，他们开始触摸到艺术的力量和表达方式。在"波点变变变"的活动中，在孩子们的手下，一个个圆点好像有了自己的生命。孩子们展现了他们的惊人创意和想象，尝试用不同的材料和工具创造出一个新奇的圆点世界。通过这次活动，孩子们感受到了圆形与色彩的魅力。他们在波点世界中尽情地发挥着他们的创意，展示了多元的思维和创作方式。

案例 3　孩子眼中的"多巴胺色彩"

阅读角中的绘本《变变变》引起了孩子们的兴趣，绘本里没有过多的文字，是由红、黄、蓝、白、黑五种颜色设计而成的双面图卡。孩子们一边欣赏翻阅一边讨论："你看！这里面有好多颜色！""按一按就会变色呢！""哇！蓝色和黄色融合在一起会变成绿色！""我们的小手都好厉害呀！我想去发现更多的颜色！"发现了颜色的神奇之处，孩子们对五彩斑斓的色彩世界产生了更浓厚的兴趣。借着这个契机，幼儿园开展了丰富多彩的玩色游戏。

（一）感受色彩

孩子们发现在教室的美工区摆放着各种各样颜色的颜料，纷纷想要感受和尝试绘本《变变变》中颜色的变化。"老师，我想要用那个颜料试一试，我想把这些颜色点点点，点到一起。""我想要摸摸颜料是什么样子的。""我要把颜料涂满我的手。"

于是教师给孩子们准备了一次性桌布和反穿衣，并将颜料提供给孩子们，由他们自己选择喜欢的颜色在画纸上进行尝试。有的孩子将喜欢的颜料挤在了画纸上，用手指蘸在颜料中画出一条条彩色的线；有的孩子将颜料挤在手上进行小手拓印；还有的孩子直接用手抓起挤好的颜料，涂抹在画纸上……孩子们沉浸在了色彩的世界中，感受着颜色、触摸着颜色，体验色彩世界的魅力。

（二）趣玩色彩

有了第一次玩颜料的经验，孩子们开始不满足于在小小的画纸上进行创作。

"这个画纸太小了。""我想再多画一点。""我想在很大很大的纸上，涂很多很多的颜料。"当听到孩子们的这些想法和需求后，教师也发现了小小的画纸给孩子们提供的创造空间有限，他们需要更大的空间进行玩色游戏，而户外空间刚好给孩子们提供了玩色的平台。另外，教师还给孩子们准备了卡纸、泡沫纸等范围较大的纸，让孩子们能够大范围、大面积地进行创作。

第二天，教师带着孩子们在户外游戏的平台进行玩色游戏。当孩子们看到许多颜料和大大的纸都摆放在地上时，都充满了期待的目光。"好大的纸啊，这个上面可以涂上好多颜料啦。""我要在上面按手印！""我要把颜料倒在一起，变出漂亮的颜色。"

孩子们激动极了，随即便开启了属于他们的趣玩色彩。多米和小糯米在大大的卡纸上挤上了好多漂亮的颜色，她们用手蘸上颜料并将颜色都涂抹到了一起。小糯米说："多米，你看，这些颜色好漂亮呀，混在一起就变成彩虹的颜色了。"

（三）美丽的颜色

在周五的玩色活动中，每位孩子都抽取了一张"加加卡"。多米抽到了一张红色加蓝色的加加卡。看到这两种色彩，多米可开心了，立刻用海绵棒在画纸上拓印了起来。不一会儿她便大声地对小朋友喊起来："快来看，快来看！我按照加加卡上的颜色变出好玩的东西啦！"小朋友们的目光纷纷聚向她，只见多米的画纸上出现了红色、蓝色和紫色三种颜色。多米骄傲地说："我画出来的色彩漂亮吧？"小米粒看到后说："好漂亮的颜色啊！多米你是怎么变出来的？"听到小米粒的疑问后，多米再次尝试，用海绵棒取出红色和蓝色的颜料拓印在纸上，画纸上顿时出现了红色和蓝色两种颜色。小米粒说："这里不是只有两种颜色吗？"紧接着多米又在画纸的中间拓印了好几下，说："要两个颜色加起来才会变色。"小朋友们看见后纷纷喊道："真的呀，中间变出紫色了，所以红色加蓝色会变出紫色。"

大家看到了多米展示，纷纷效仿起来，孩子们的画纸上都出现了一组组漂亮的颜色。

（四）颜色大变样

经过上一次玩色游戏的推进后，孩子们尝试接触了刮板、拓印棒、保鲜袋等玩色材料。当孩子们看到这些玩色材料后，兴趣又瞬间被激发了出来。"哇！好多材料啊！""我想用那个保鲜袋。""我要用海绵棒按按按！"孩子们的声音此起彼伏，都迫不及待地想要用这些材料来玩颜料。这时允允问了一个问题："这些材料要怎么用呢？"一场关于颜色大变样的小试验展开了。

有的孩子试着用保鲜袋进行拓印。"你们看，我用这个袋子印出了一朵花！"有的孩子用刮板刮了一下颜料。"我的颜色有了皮肤，这个皮肤像大树穿上了彩色的衣服。"还有的孩子用海绵棒画画。"我按出了好多彩虹色的圆点点！"

经过了这次尝试后，孩子们发现原来不同材料跟颜料的结合会产生不同的效果和纹路，这使他们想要尝试更多玩色材料的好奇心变得更加的强烈。于是教师让孩子们就地取材，为他们提供了生活中常玩的玩具、常见的材料等，让幼儿自主选择、摆弄操作各种材料。孩子们通过拓印创作出了或梦幻、或趣味、或规则的圈案，展示色彩丰富多样的变化。这样的材料能让孩子们感受到生活中的艺术无时无处不在的美。

表 4-1　不同材料跟颜料结合后的效果及幼儿对此的想法

材　料	效果图	孩子的想法
		这是我们平时玩的积木玩具，积木玩具上有洞洞。哇！我变出了好多好多的泡泡啊，这些泡泡都是彩色的，真漂亮。
		吸管变出小泡泡啦！上面一粒一粒的好像我吃过的巧克力豆。

材　料	效果图	孩子的想法
		棉签绑在一起像一朵很小很小的小花，按出来也是小花的形状！点点点，我变出好多小花啦！
		看我的本领，我能用绳子变变变，变出了彩色的喷泉，水从中间喷出来，然后溅到边上去了。
		餐巾纸揉一揉就是一朵白色的云朵，我要给云朵染色，这样就能下彩虹雨啦！看！这是我画的彩色云朵。

解读：

　　当发现孩子们对鲜艳的色彩产生好奇，并想要通过玩颜料的方式摸索颜色变化时，教师敏感地捕捉到了这一帮助孩子建立颜色认知的契机，给孩子们提供了桌布、反穿衣、画纸以及各种颜色的颜料，让孩子们通过和颜色互动，通过摸一摸、蘸一蘸、涂一涂等方式和颜料进行互动，加深对颜色混合后的印象。当孩子们不满足于在小小的画纸上玩颜料，想要更大的创作空间时，教师将玩色游戏的场地从教室转移到了户外，为孩子们提供了更大的平台、更多种类的纸和更多的玩色工具，丰富与拓展了孩子们对色彩的体验。

案例 **4**　　　　　　　　　**百变迪士尼**

如果要选一个孩子们最喜欢的地方，大部分的孩子都会选择迪士尼乐园！因为在那里，他们可以见到自己最喜欢的卡通人物，还能和他们进行互动；在那里，他们能够感受童话一般的气氛，好像自己也是故事中的一分子……在孩子们心中，迪士尼乐园就是最美好的地方！于是，他们想要在幼儿园里也建造一座"迪士尼乐园"。

（一）最美公主

每个女孩都是公主，每个男孩心目中也有一位最爱的公主。在孩子们心目中，迪士尼的公主都是集美丽、智慧和勇气于一身的。她们有的能用一身正气打败恶势力，有的能用善良感动全世界……于是孩子们也想将自己变成最爱的那一位公主。

要成为公主就先要变美，于是她们计划设计一系列的装饰物品——戒指、项链、王冠甚至一套公主连衣裙。孩子们先是在纸上设计了项链和戒指等，但后来她们发现，平面的项链是不能戴在脖子上的，于是她们决定制作立体饰品。她们选择了超轻黏土，超轻黏土不仅可以做出项链的形状，还能用来当作黏合剂，将不同的装饰物黏合在项链上，看上去就像镶满了熠熠发光的宝石一般。扭扭棒也是制作立体饰品的完美选择，孩子们用扭扭棒一圈一圈绕出底座，然后再在底座上拗出不同的形状，小的可以用来做戒指，大的则可以用来做皇冠。公主怎么能少了公主裙？孩子们用纱、珍珠等装饰物设计了一条公主裙，她们穿上美丽的公主裙，还为自己化上一个精致的妆容，跳起了芭蕾舞，仿佛她们现在正置身于舞会，和王子翩翩起舞。

现在，穿着美丽裙装，把自己打扮得美美的公主们要开始表演自己的故事了。既然要表演故事，就得有道具，于是孩子们又开始动起手来。他们用废纸板和锡纸制作了一面"魔镜"。随着魔镜的诞生，孩子们开始演绎起《白雪公主》的故事情节："魔镜魔镜，谁是世界上最美的女人？"

（二）神气的兵器

在迪士尼电影中，也有一些和中国相关的故事，其中最让孩子们喜爱的就是《花木兰》。班里的小小博学家告诉大家，花木兰使用的是古代兵器，古代的兵器和现代的不一样。孩子们都大开眼界，于是他们通过收集资料，了解了很多关于兵器的小知识。有了这些知识，动手创作对他们来说就变得简单起来。他们找来纸板做出了兵器的形状，然后使用超轻黏土制作出兵器表面的肌理效果。他们还了解了一些版画制作的方法，制作了古代兵器的版画图。

（三）设计展览门票

运用五颜六色的彩泥，孩子们变成了"珠宝设计师"，设计出了多姿多彩的公主项链；版画和浮雕的方法巧妙运用，制作出来惟妙惟肖的中国古代兵器；剪裁透光的布料，在孩子的手里创造出了精巧细致的公主礼服；常见的旧箱子经过改造，重现了英勇无比的英雄形象；折纸艺术也在这里大放异彩，在折好的鞋子上装点亮晶晶的珠片，一双双灰姑娘的水晶鞋就闪亮登场了……

完成了以上所有制作，大一班的"迪士尼乐园"就完成了一大半啦！孩子们不满足于"独乐乐"，想要有观众来参观，大家一起"众乐乐"。可是，其他班级的小朋友都不知道在二楼有这样有趣的展览。"怎么才能让大家都知道我们大一班有个展览呢？"老师问孩子们。"我们可以去告诉他们我们有展览。""怎么告诉啊？""去他们的班级里告诉他们。"又有孩子说："我们要有门票的！"就这样，每个孩子都成了一位门票设计大师，一张张趣味横生的迪士尼风格门票应运而生。经过投票，大家选出了一张最受欢迎的门票，于是在接下来的一个星期，孩子们游走在不同年级不同班级里宣传大一班的大师秀。在这个过程中教师发现，原本内向的女孩也大胆地跨上了陌生班级的讲台，原来胆小的孩子也能面对陌生的小朋友勇敢地介绍自己班级的展览。

解读：

在孩子们心中，"迪士尼"就是"美好"的代名词。孩子们利用整整两个月的时间，欣赏了大量的国内外绘画、泥塑和拓印作品，用传神的语言和肢体动作表达自己对它们的理解。他们用丰富的色彩、多变的线条和不同的材质来将自己的想法变为现实，他们在合作创作和分享想法的过程中感受同伴的力量和创意的火花，并在创作中打开了通往美的艺术之门。

二、自然之美

大自然以其绮丽的风光、绚丽的色彩和蓬勃的生机而呈现出各种美丽的风貌。自然之美常常侧重于形式方面，在色彩、音响和线条等方面以其对称、均衡与和谐给孩子的眼、耳等感官以赏心悦目的愉快，进而达到精神的陶冶。

自然界中的一草一木、一土一石都可以成为激发幼儿创作灵感的有用之材。对幼儿而言，自然生态环境具有特别的吸引力，这里的花草树木、虫鸣鸟叫、蓝天白云、阳光雨露和青山绿水，不仅可以看一看，还可以听一听、闻一闻、摸一摸，有的甚至还可以尝一尝。在无限开放的大自然中，幼儿是不被规训、自由放松、主动探究、勇于尝试的。他们获取的不只是自然科学的知识和身心健康的体魄，还有更多的创造乐趣以及与大自然亲近的愉悦感受和美好体验。

一片叶子引发的故事

最近，孩子们在研究各种各样的叶子。他们围桌而坐，拿着收集来的叶子照片，热烈地讨论起来：有的是逆光拍摄的叶片，呈现出一种半透明的效果，透光的淡绿色宛如玻璃般清透；有的叶片突出了叶脉的纹路，体现着均衡与平衡；有的是非常别致的叶片，表现着叶纹的形式美感；而一些表面凹凸不平的叶片通过光线形成明暗对比，表现出树叶纹理的虚实变化。

一个男孩拿着照片问："你们看我带来的叶子，猜猜是什么？""是叶子上的纹路，一根根的。""对，我带了好几张呢，你们快看，像蜘蛛网一样。""这些都是叶子放大后的线。"一个女孩子一语道破，引起周围孩子的惊呼。但有个男孩有些怀疑："这不是真的树叶，我看过叶子，怎么不是这样子的，哪有这么多乱七八糟的线？"女孩很肯定地告诉大家："当然是真的了，放大镜下面就能看到我们看不到的东西，这是放很大很大之后的叶子，你眼睛是看不到的。"

男孩找到教师寻求验证，教师经过询问明白了事情经过，决定和孩子们一起来验证叶片线条的真实性。教师特地去网上找了相关的视频，还借了专业的放大镜。孩子们目不转睛地看着不断放大的叶片，不由发出感叹："哇，小小的叶片竟然可以有那么复杂的线条！"明明是真实的叶片，放大后却有了不真实的感觉，看到孩子们这么感兴趣，教师决定趁着热度把放大的叶片深入下去，让孩子们回家继续寻找被放大的线条，把喜欢的图片带来一起欣赏、讨论。

（一）五花八门的叶脉

没过几天，孩子们找来了形形色色的叶脉，让大家大开眼界。喜欢画画的孩子准备用线描的方式把纹路画下来，每个孩子选择了一幅放大的叶脉开始绘画。当孩子们真正开始下笔的时候，发现并没有预期中的简单，不是过于简单就是乱如麻线。一个男孩选择了一张密密麻麻线条的照片，不知如何下手。于是教师决定让孩子们停下画笔，先仔细观察画面，再帮助他们找到画叶脉的关键点。

教师问："你们觉得照片里的叶脉像什么？""像血管。""像好几条连在一起的火车轨道。""像毛细血管。""像枝丫。""像很多分岔路。""像蝴蝶翅膀上的花纹。""像从飞机上往下看的马路。"……"你们说得多好呀，其实叶片上的脉络是有规律的，只要找到叶脉排列的规律，画起来就容易多了。可以从中间那根主叶脉画起，慢慢地向四周延伸，过程中还要体现线条的有粗有细，会让画面变得更加生动有趣。"

经过引导后，有的孩子发现线条越密的地方线就越短，而且会越来越细；有的看见叶片中间的线条是最粗的，然后从中间开始往外延伸；有的孩子把交错的叶脉看成轨道；有的孩子分享自己能用一笔画出有粗有细线条的方法……

（二）不止有叶脉

在绘画的过程中，出现了一幅与众不同的作品。一个大圆形中有大大小小的圆点，有空心也有黑圆点，各种水滴形状或聚集或散落在线条旁边。这是一个男孩子画的。他拿出了一张橙子切片的放大图片，然后告诉大家，妈妈给他看了很多水果切开放大的照片，他觉得好漂亮，有的就像水晶宝石一样，感觉在发光，有些果肉里面还有很多像蜂巢一样的格子。

男孩画的水果又给了大家新的启发。第二天，一圈又一圈的洋葱切片、一颗颗整齐排列的玉米、薄如蝉翼的柠檬切片，在孩子的画笔下，变成了晕圈、格子布、蝴蝶翅膀……

在前期大量而又丰富的感受体验基础上，孩子们把视线转向更多的自然物。水果切片比叶脉多了柔美流动的线条，微距下的果肉有着我们平日里不易发现的精致和细腻；普普通通的玉米因为整齐规律的排列也有了独特的美；层层叠叠的梯田，一片连着一片，一层叠着一层，仿佛大自然玩着线与面的游戏，而洋葱切片却出乎意料地与梯田有着惊人的相似。

图 4.5　微距下的自然物

🖇 解读：

整个活动从一片叶脉开始递进展开。孩子们仔细地观察叶脉的每一个细节，叶片本身存在均衡、对称、和谐等特点，这些都是美的存在。线条则是绘画的基本要素，叶脉就是线条，孩子们先了解叶脉的基本形态，然后再进行艺术表现。一片小小的叶子，有垂直线、水平线、斜线等，通过深入感知，发现这些线条又有着韵律和节奏变化，有长有短，有粗有细，有一通到底，有延伸扩散，或规律或随意地构成了一幅线描的基础。过程中，教师并没有灌输绘画技能，而是让幼儿在观察中自然而然地对线描的核心经验有了提升，把点、线、面变成一种线条的游戏，与线条对话，用线条去表达内心所想。

案例 2   大树的花花衣

幼儿园的中庭有许多树。来到大树旁，孩子们喜欢看一看、摸一摸、抱一抱，用各种方式去亲近这些树朋友。孩子们发现，有些大树的皮肤是糙糙的，有的却是光滑的。

仔细观察大树干上的花纹，孩子们发现，树朋友们有着各种各样的"花花衣"——有些裂纹细细长长，有些裂纹又仿佛一块块方形的格子；有的大树拥有毛茸茸的皮肤，而有的大树却十分光滑；有的大树上面会有黑色的疤痕，有的却长着白色的胎记。大自然的独特画笔可真是让人大开眼界！

通过朋友们的分享和图片对比与介绍，孩子们对大树的皮肤类型有了

图 4.6 孩子们根据"树皮任务卡"认真观察、寻找大树的肌理

初步的了解与认识，原来大树的皮肤有那么多漂亮的肌理纹路。孩子们对幼儿园里有哪些类型的大树皮肤也充满好奇和兴趣，纷纷跃跃欲试想去探索一番。于是教师制作了"树皮任务卡"，并准备好了放大镜，带着孩子们开启了一场寻树之旅。孩子们高兴地带着任务卡在幼儿园的林荫小道、中庭四处穿梭，看看身边的大树，再看看手里的任务卡，忙碌又快乐地寻找着。当他们找到了正确的树，会高兴地把小花贴纸贴在旁边，兴奋地说："找到了！找到了！"

在与大树互动的过程中，孩子们享受着运用多种感官去探索感知大树的"花花衣"，不断感受大树的神奇与艺术之美。大树的皮肤如此绚烂多彩，孩子们很想把它们记录保存下来，不妨拿起画笔工具用不同的材料和方式来试试看吧！

基于前期经验，孩子们知道了树的皮肤有各种类型，凹凹凸凸，形状各异，于是大家决定将卡纸固定在树干上，利用蜡笔尝试把树皮的样子记录下来。孩子们用蜡笔从上往下反复刮着，发现白纸上显现出了断断续续的颜色，一条一条歪歪扭扭的线就和看到的大树纹路一样，但却比棕色的

图 4.7　孩子们用蜡笔将大树的肌理拓印在了纸上

大树干更加多彩绚烂。

在利用蜡笔进行刮画体验以后，孩子们还想用更多的方法把美丽的树干花纹保存下来，那么平时玩色的拓印工具能成功吗？这一次孩子们选择了不同的大树皮肤进行拓印创作。他们发现竖状裂纹的大树皮肤拓印起来是最清晰的，而点状纹路的树干拓印不清楚。在给大树绘制彩色皮肤的过程中，当看到深深浅浅的颜色在自己小手上下滑动逐渐出现的时候，孩子们的喜悦是溢于言表的。

就这样，孩子们成功地把"大树的花花衣"留存到了画纸上。在大树干上除了有各种形状的花纹外还会有什么呢？"会有蚂蚁！""有蜗牛！""还有小鸟。"……孩子们对大树的自然生态环境也充满想象，他们拿起棉签棒在画纸上印下几只小蚂蚁，彩虹树变得更加栩栩如生了！

解读：

通过"大树的花花衣"的活动，孩子们充分调动了自己的五感，用心观察树皮，在寻找的过程中，孩子们不仅看到树皮之间的区别，也会主动去摸一摸，感知不同类型树皮带来的触觉差异，认识了点状的、有鳞的、有刺的、剥皮的等各种树皮肌理，知道树皮有着光滑或粗糙的质感，了解了同一种树的树皮裂纹也会有长有短，有深有浅，原来每一棵大树都是那么的独一无二，有着专属于自己的美丽皮肤。

案例 3　　　　　寻香之旅

进入秋季以后，孩子们在一次户外游戏中发现，柚子树上结了果子。因为幼儿园当时正在进行主题活动"在秋天里"，孩子对于成熟的果子非常感兴趣。于是在确认柚子成熟以后，孩子们利用攀爬架，爬上去摘下了一个柚子。

　　教师把柚子放在了植物角，孩子们总是会去摸一摸，凑近闻一闻，都说这个气味真的是太美好了。正巧班级中一个孩子最近刚搬家，他说妈妈就经常用柚子皮来让家里变得香香的，于是孩子们就开始探讨，是否可以将柚子皮的味道保存下来。一场关于寻找香味、保存香味、感受香味的故事由此开始了。

（一）怎么保存香味

　　孩子们决定把柚子的味道保存下来，开始讨论什么方式能够保存。他们把视线从幼儿园内转到幼儿园外，在家中发现了香水、香薰蜡烛、香薰精油、香包、石膏香片等物品，并带来幼儿园与同伴们一同探索。

　　孩子们通过书籍、教师的指导、家长的协助，了解了这些不同香味制品的制作原理。"香水需要把东西榨成汁水，然后加酒精、加水。""香薰蜡烛是要把果汁放进蜡烛里面。""我们上次端午节做过香包，是把花瓣这些香香的东西放到小袋子里。""石膏香片是把香香的东西混合到泥巴里，再晾干就成为香片了。"

　　孩子们对自己找到的香香的物品和制作方式如数家珍，都跃跃欲试。于是大家开始讨论每个制作方式在班级中进行的可行性。孩子们讨论到了酒精的安全性，蜡烛混合果汁需要加热也不够安全，又说玩过好多次的泥巴，石膏香片一定可以做出来，于是最终结论是一同制作香片。

（二）制作柚子皮粉

　　决定制作香片后，孩子们开始制作柚子粉。

　　第一步就是处理柚子。孩子们剥开柚子，对比了果肉和果皮的味道，都觉得果皮的味道更好闻，决定用果皮来制作石膏香片。孩子们品尝了剩下的柚子果肉，虽然有些酸，但不影响他们对于大自然这份馈赠的喜爱。接下来孩子们开始讨论怎么把柚子皮变干燥。借鉴之前晒秋的经验，有孩子提出："阳光可以把柚子皮变干。"但又有孩子表示晒干需要太多时间了。在讨论许久后，大家决定分头行动，一部分柚子皮用来晒干，一部分柚子皮由大家各自带回家用烤箱烤干。通过一周的行动，柚子皮都变干了。孩子们发现无论是太阳晒还是烤箱烤，都让柚子皮变干了，而且自然晒干的时间也并没有很长，孩子们都感叹太阳好厉害。

接下来进入第二步，把干柚子皮变成粉末。这一步大家选择了户外场地上的石臼。但由于放进石臼里的柚子皮比较大，孩子们操作起来比较困难，后面有个孩子试着先用剪刀把柚子皮剪小一点，发现研磨速度快了不少，于是这个方法也被其他孩子效仿了。在好不容易把干柚子皮变成比较小颗粒的情况下，新的问题又出现了。大家发现其实干柚子皮还是有些水分，同时很难再把这些颗粒变得更细小。于是老师带来了电磁炉和粉碎机，最后在教室里炒干了柚子皮颗粒里剩余的水分，再用粉碎机将颗粒彻底变成粉末。终于，孩子们把柚子皮变成了柚子皮粉。

（三）制作石膏香片

制作好柚子皮粉后，孩子们开始寻找制作石膏香片的另一个材料——泥。他们首先考虑的是使用户外场地中的普通泥土，挖了一大盆带回教室，开始在其中加入柚子粉和水，进行混合搅拌，随后再做成石膏香片的样子，并用泥塑工具在上面雕刻出花纹。但第二天孩子们发现，晒干后的石膏香片上刻的花纹已经看不清了，当用手拿起来的时候，稍一用力就碎了。孩子们有些失落地得出结论，地里的泥土不适合用来制作石膏香片。

于是孩子们又想到用教室里的超轻黏土来制作石膏香片，但这次在制作过程中就发现了问题——香粉不能直接融合进超轻黏土，加了水混合超轻黏土就褪色，并且也很难将水混合在一起。所以用超轻黏土来制作石膏香片的方法又被孩子们淘汰了。

接下来孩子们又尝试了黄土，黄土可以混合水，能很容易地将香粉融合进去，并且湿的时候黏性更强，干的时候也很坚硬。但制作完成后，又有孩子觉得黄土的颜色不够好看。

后来有一个小朋友周末去玩了陶艺，他发现风干陶土的手感很像之前小朋友带来分享的现成的石膏香片。于是他们找来了风干陶土，先将香粉和微量的水混合后，很快揉进了风干陶土中，再塑形、雕刻、晒干，最后终于成功制作出了第一个石膏香片，大家确定了都用风干陶土来完成各自的石膏香片。完成后，孩子们还用马克笔在上面进行了装饰，成为教室里很特别的一道风景线。孩子们成功地将柚子的香味留存了下来。

（四）打香篆

中秋马上要到了，大家在班级中开始讨论中秋可以做点什么。很多孩子提到了制作香片后还剩下很多的香粉，想要利用起来。教师想到中

图 4.8　孩子们穿上汉服体验"中国式浪漫"

秋可以更多关注中国传统文化，便带领孩子们一同了解了中国的传统香道，孩子们都对打香篆非常感兴趣。于是幼儿园发动家长资源，带来了香炉和其他打香篆所需的材料、工具。同时孩子们还在幼儿园内发现橘子树也结果了，大家又把橘子皮也制成了香粉，想要在中秋打香篆的时候一起使用。

　　到了中秋节，孩子们打香灰、压香灰、添香粉、铲香粉、提香篆、点香、品香，一起体验在大自然中的发现，通过自己的加工制作，变成"中国式浪漫"，装点生活之美。

📎 解读：

　　气味，是大自然赐予我们的另一种美好。在以往的自然探索类活动中，更常见的是幼儿对自然物外形、颜色、材质等方面的探索，气味很少会成为一个探索的主题。在"寻香之旅"中，孩子们从发现柚子果实的独特清香，逐步开始探索如何把这种香味保存下来，尝试了各种干燥和研磨的方式，然后制作石膏香片，最后拓展到更为丰富的有关香的活动……整个活动别开生面，不仅丰富和拓展了幼儿关于香味的经验，经由香味，孩子们也接触到了中国传统美学生活方式。

案例 4　"泥" 好有趣

　　孩子们在一场雨天户外游戏后突然发现，自己的雨靴有非常多的泥，这时候孩子们的情绪也出现了两种完全不一样的状态——有的孩子非常好奇，立马用手去摸一摸、捏一捏，还问老师："老师，下次我们可以去挖泥吗？"也有一部分孩子表现出了抗拒，他们在把雨靴换下来的时候，会刻意地避开雨靴上的泥土，让自己的手不碰到。教师觉得这两种情绪同时存在于班级内是一件非常有趣的事情，于是决定开始一场对于泥巴的探索活动。

有一部分孩子想挖泥，他们就在教室的植物角找到了小铲子，并带去了户外场地。这天有大概一半的幼儿拿起铲子开始铲土，兴致盎然。一些不敢直接接触泥土的孩子，看到同伴们玩得如此兴高采烈，也对泥巴有了兴趣，但依旧不敢轻易尝试。教师在与这部分幼儿进行沟通后，了解到了大部分孩子都是出于未知和怕脏的缘故，所以不太敢玩泥巴。

于是在第二天教师投放了棉纱手套，用以鼓励那些怕脏的孩子大胆去体验。很多原本不敢参加的孩子戴上手套也参与挖泥的游戏中。但又有孩子说："这个手套，泥全黏在上面了。"

教师又把棉纱手套换成了丁腈手套，丁腈手套能更贴合幼儿的手部，同时也更好地隔绝跟泥的直接接触，又能感受到泥巴的触感。"泥巴摸起来好神奇，滑滑的、黏黏的。""泥巴加了水好像咖啡啊。""泥巴这样有点像巧克力，看着很好吃。"

在丁腈手套的帮助下，孩子们逐渐接受了泥巴，喜欢上了泥巴，感受到了这看似脏脏的物品，也是很特别、很好玩甚至很美的东西。最终孩子们都成功与泥巴成为朋友，愿意玩泥巴，于是教师拿走了场地上的手套，发现没有了手套后孩子们的探索、游戏并没有被影响。

有一天孩子们发现树叶上结了不少露水，他们说小小的一滴露水好可爱，于是便开始接露水，又将接到的露水尝试着与泥混合，发现太干。他们又发现了不远处沙水池可以接水，混合水和泥成为泥浆后，有孩子表示原来泥巴和水是好朋友，它们混在一起以后很像颜料，于是开始在纸上绘画，又发现太稀了，通过加泥的方式，调和出他们觉得比较合适的稠度，尝试进行了绘画。

在看到调制好的泥浆后，孩子们又想起之前尝试过的泼画，觉得也可以用泥浆来进行泼画，就拿着走到场地上悬挂的大画布前，试着进行泼画，但同样也碰到了泥浆浓稠度的问题。孩子们尝试了很多次，终于成功让泼到画布上的泥浆能牢牢地停在画布上。

解读：

玩泥巴是深度刺激肤觉感官的，可以在玩泥巴的过程中改善触觉防御，帮助幼儿更容易接受与他人的触碰和适应陌生环境。在探索泥巴的活动中，教师通过材料的投放、调整鼓励一部分不愿意直接接触泥巴的孩子，让他们尝试去接触、去体验玩泥巴的乐趣。在孩子们都接受泥巴并体验了非常久的挖掘游戏后，孩子们不再满足于挖这个动作，他们观察场地上一些如露水这样微小的自然产物，由此发展出将泥巴和水进行混合的行为，还发现泥浆与颜料的相似，开始用泥巴进行创作。制造混合物的过程是将科学和艺术的世界结合在一起的行为。玩泥巴就是创造属于自己的有灵魂的作品，这正是属于儿童自己的艺术、属于孩子的美。在这个过程中，幼儿不仅发现自然界中各种材料也能作为绘画的工具和材料，还充分体验了创作的快乐。

三、生活之美

生活是幼儿美育的最大的实践场域。凡俗而琐碎的生活，往往使人们习惯了从功利的角度来审视一切，缺少了"发现美的眼睛"，人们会对日常生活中的美反应迟钝，甚至会漠然视之。但实际上，一茶一饭，一花一草，都蕴藏着美育的契机。在简单平凡的生活中，人与人之间的日常共处，亲情、友情的温暖，也能给幼儿带来丰富的审美感受。一旦捕捉到生活中的美，能够深刻作用于幼儿的心灵，培养生活情趣，提升生活境界。

吃饭那件事

经历了一个月的幼儿园生活，托班宝宝从哭着要回家到愿意自己进教室，逐步适应了新环境，开始接纳集体生活。在生活上，他们尝试着自己上厕所、喝水、吃饭，等等。在幼儿熟悉环境后，教师经常能够在进餐时听见这些话语："老师，这个我不喜欢吃。""我喜欢吃肉，其他不要。""宝宝不吃菜，就吃米饭。""这个菜一粒粒的不好吃，我不要吃了。"……吃饭这件开心的事似乎变成了孩子们不太开心的事，因此教师引导幼儿将目光聚焦到食物本身，从"食育"出发，一起去探索食物的美好之处。

（一）触摸美食

秋天是食物大丰收的季节，教师在阳台设置了秋收角，请家长利用周末和每日的散步时间，带领孩子们去生鲜超市或菜场寻找各种不同的蔬菜瓜果来丰富班级的秋收角，开展一场有趣的触摸美食之旅。

韩韩和爸爸来到了超市。韩韩说："哎呀，香蕉好重呀！"爸爸帮韩韩一起托起香蕉，说："香蕉里面有很多的水分，软软糯糯的，韩韩最喜欢吃啦！"韩韩说："我觉得它们像月亮，我把月亮吃啦！"

悠悠、然然两姐妹和妈妈一起来到了水果店。悠悠问："妈妈，番茄怎么是绿色的？"然然说："这个番茄是橘色的。"妈妈说："悠悠、然然你们看，这里有红色、绿色和橘色的小番茄，它们都是小番茄，只是品种不一样。"

乐乐和外公外婆在去公园骑行回来的路上，看到路边有一处水果摊，乐乐一眼就看到了黄澄澄的橘子，说："我想吃这个橘子。"橘子是乐乐最喜欢吃的水果。外婆说黄澄澄颜色的橘子是最甜的，乐乐提着买来的橘子喜滋滋地回家了。

瓜瓜陪着奶奶来到了菜市场，看到绿油油的蔬菜一下子挑花了眼。瓜瓜找了一会儿，找到了自己熟悉的黄瓜，便拿了起来，随后又放下了。瓜瓜对奶奶说："这个黄瓜怎么刺刺的？"奶奶回答说："有些黄瓜的外皮上有一层刺刺的黑点点。"

教师将孩子们带来的各种食物摆放进秋收角供孩子们观赏。第一次看到这些食物时，有些宝宝张大了嘴巴感叹道："哇！好多好多啊！"教师提醒孩子们："这些都是宝宝们带来的食物，也都是我们平常会吃到的，你们可以来摸摸看。"孩子们纷纷从篮子里拿出了食物，有的在向大家介绍自己带来的食物——"这是我带来的土豆。""我买的大南瓜，很重的。""这个是番茄。""我妈妈买的也是番茄。"有的孩子对于不认识的食物提出了疑问——"这个是什么？""它像个皮球。""它像一朵花。"

通过这一场触摸美食之旅，孩子们知道原来番茄除了红色，还有绿色和橘色；平时喝的南瓜粥居然是一只扁扁的大球；一片一片的卷心菜原来的样子就像一朵含苞待放的花朵。

（二）食物调色盘

在插入式活动"蔬菜和水果"中，因为有了前期在秋收角获得的认知经验，孩子们能够很快地说出书中蔬菜和水果的名字，对于如何区分蔬菜和水果，你一言我一语地讨论起来。

安安："蔬菜都是绿色的，水果有其他的颜色。"
谦钰："那黄瓜是蔬菜还是水果？"
小 OK："它是绿色的，绿色的就是蔬菜。"
柚柚："不对不对，南瓜是蔬菜，它不是绿色的。"
小 OK："南瓜我吃过，它是甜的。"

三也："水果是甜的，香蕉是甜的。"

发发："我喝过水果汁，是香蕉味的。"

教师从孩子们的言语中听到他们对蔬菜和水果的区分在于颜色和味道。为了让他们验证自己的想法，教师把一些蔬菜和水果放到了餐桌上，让孩子们做一回小小厨师，自己把食材切成块，再榨成汁，体验美食制作的乐趣。考虑到托班幼儿精细动作的发展特征，教师挑选了软糯好切的食材——蒸好的南瓜、黄瓜和香蕉。

图 4.9　宝宝们正动手切着香蕉

老师："宝宝们，我们一起来变魔法吧，跟我念'呼啦呼啦，颜色变变变'。宝宝们，你们看到了什么颜色？还认识它们吗？"

柚柚："我知道，这是南瓜汁，橙色的。"

安安指着黄瓜汁说："这个颜色好好看，我觉得亮晶晶的。"

灰灰："我也喜欢这个颜色，这是黄瓜汁吧，老师？"

小一："这个像牛奶一样，白白的。"

发发："这是香蕉汁，很好喝的。"

岑岑："哇，它们像画画的颜料。"

米乐："老师，还能变出别的颜色吗？"

（三）食物大变身

　　米饭是中国人日常饮食中的主角之一，也是孩子们餐桌上的"常客"。米饭的口感软糯、黏弹，因此还可以捏出各种不同造型的饭团，饭团可爱有趣的外形深受孩子们的喜爱。小屹妈妈为孩子们提前准备了三种米饭——小米米饭、黑米米饭以及赤豆米饭。小小的米粒也有大大的学问，米饭也可以有不同的色彩。孩子们把米饭装进不同形状的模具里，压一压、按一按、敲一敲，出现了各种可爱造型的饭团。孩子们可以选择"小眼睛"或者"小手小脚"给饭团设计出各种生动有趣的造型。

小屹："哇！这是小花米饭。"

图图："我觉得这个像小怪兽。"

晨晨："我的也像！我要给他贴上好多眼睛。"

图 4.10　妈妈老师和宝宝们一起制作造型各异的饭团

米乐："这是它的小手，它在跳舞。"

小OK："我的饭团最可爱，我要带回去给我妈妈吃！"

发发："我要黄色的眼睛贴纸，看上去更好看。"

📎 解读：

食物是幼儿生活中最密不可分的，但是托班幼儿见到的食物往往是餐盘里已经烹饪好的样子，他们对于食物的认知可能来自图片或者是绘本，真正接触食物本身的机会并不多，有些家长平日做的餐食也主要以孩子喜欢吃的为主。托班幼儿更需要的是与实物的亲身接触，因此教师发起这场活动，用五感中的看和触摸去感受食物，激发了孩子对食物的好奇心和探索欲。

从3岁开始，幼儿步入了色彩的敏感期，他们会从生活中不断寻找不同的色彩，并且喜欢挑选一些色彩鲜艳的东西。对于正处于色彩敏感期的孩子，我们应该尊重和鼓励他们的兴趣倾向，为他们提供丰富的色彩环境。在插入式活动中，教师及时捕捉到幼儿的兴趣信号，对活动进行了延伸。令孩子们没想到的是，原来食物也可以变成"调色盘"，其中蕴藏着好看的色彩。同时，这个活动也在潜移默化地培养幼儿的审美意识。

案例2　　咕噜一下

托班的幼儿从家庭进入了幼儿园，迈出了独立生活的第一步。离开了父母，幼儿面对新的环境，入园时情绪波动，在园生活的各个方面都需要教师的帮助和指导。培养幼儿的生活自理能力是托班的重要内容。让幼儿逐步学会根据自己的需要喝水就是其中的一个重要方面。幼儿在幼儿园能不能喝足够的水，向来又是家长们非常关心的问题。为了培养新小班幼儿良好的饮水习惯，教师进行了一系列的观察和活动。

（一）我不要喝水

一次户外运动结束，孩子们回到教室走进洗手间，在教师的提醒下使用洗手液把运动后有点脏的小手洗干净。在孩子们洗净小手后，教师告诉他们可以找到自己的小杯子补充一点水分。然而教师得到的回应是："老师，我不要喝水。""我找不到自己的杯子。""老师，你帮我倒。"甚至还有些孩子说："我要喝牛奶。""我要喝果汁。"还有几个孩子直接走出洗手间走向教室的玩具柜，坐在毯子上开始玩了起来。几名拿着水杯正在喝水的孩子看到后随手放下杯子，也加入了玩玩具的队伍。还有几名孩子拿着水杯走了过去，一边喝水，一边看着其他孩子玩。孩子们用语言和行动告诉老师，他们不爱喝水。

（二）好看又好喝的水

这一天，孩子们又来到了户外，秋天的变化让孩子们左右张望，他们指着变成红色的灌木、飘落的树叶，开始和同伴你一言我一语："老师，你看菊花，黄色的菊花。"教师转身也看到大朵的菊花在盆中盛开，"是啊，秋天的菊花可真美。"茸茸继续指着菊花，上前来拉着教师的手说："妈妈的水杯里也有菊花。"教师点点头："菊花可以泡水喝哦，还有桂花可以泡香香的茶。"

这时教师又看见班里的其他孩子拿起地上飘落的桂花丢进旁边的鱼塘中。教师慢慢走了过去，玩得最开心的六六转头告诉教师："我们在泡茶！"接着她顺势又把桂花丢进了水里。

回到教室后，教师赶紧把一些干花拿出来，孩子们捏了捏，看了看，闻了闻。教师又把泡茶工具小心地铺在了桌上，给水壶倒上温水，孩子们很快围了过来。为了让孩子们更好地观察花茶泡水前后的变化，教师投放了不同种类的花茶，如蝶豆花、洛神花、大皇菊、茉莉花、竹叶茶、黑枸杞、胖大海等。孩子们都被桌上品种繁多的花茶深深吸引了注意力。

　　万万拿起了大皇菊仔细观察，又把它放在鼻子前闻了闻，说："这个黄黄的是什么花？香香的。"皮蛋说："这个我知道的，妈妈泡水喝的菊花。"说完后拿起身边一盒竹叶茶开始观察："这个是什么？"Chole："绿绿的，是叶子吧？"教师说："这个是大熊猫喜欢吃的竹子的叶子晒干了以后的样子，我们可以用来泡茶喝，今天放在桌上的材料都可以泡茶喝。你们想要泡花茶吗？""想！"孩子们异口同声地说。孩子们把各种花茶放进杯子，然后开始倒水。茸茸先是观察着泡在杯中的大皇菊，又用勺子把大皇菊捞起来仔细观察。皮蛋选择了两种花茶，分别是洛神花和蝶豆花，加完水后进行对比观察。花茶泡过水后的改变也吸引好多小伙伴来围观，他们纷纷表示也想试一试，观察下花茶泡水后的形态以及色彩的变化。

图 4.11　孩子们正观察着菊花泡水之后的变化情况

花茶泡好了。"老师这个好不好喝？""我想要喝一喝这个红色的！""我也要，我也要！"孩子们被花茶深深吸引，都想喝一口。孩子们举起小杯子，和小伙伴干杯吧！

（三）美味果汁

有了泡茶的经验，孩子们爱上了制作各种小饮料。几位妈妈也趁热打铁，来幼儿园组织开展了"美味果汁"的食育活动。秋季的水果种类丰富，红红的火龙果、晶莹剔透的石榴、对眼睛有益的蓝莓……孩子们用这些水果制作水果酸奶，果子一层层加进去，还有白白的酸奶。孩子们还用上了榨汁工具，把各色水果变成汁水，再和酸奶混合，美味、营养又好看。放学后，孩子们迫不及待地把制作的水果酸奶带回家和爸爸妈妈分享今日的美食收获。在这个过程中，他们也越来越喜欢各种各样的水果汁了。

图 4.12　孩子们正制作水果酸奶

（四）蔬菜宝宝爱喝水

有一次饭后散步，大家将小火车开到了小菜园，孩子们想要看看小菜园的蔬菜宝宝们长得怎么样。孩子们指着菜园的一片地说："这个是菜。""红红的辣椒，好多好多。"教师对认识小辣椒的孩子回应道："你真棒，你发现了红色的辣椒。还有这些绿色的也是辣椒哦！"

这时，萱萱大声地喊道："老师，菜死掉了，倒了。""一定是死掉了。"其他孩子们也跟着说道。聪明的萱萱很快发现干干的泥土，说："蔬菜宝宝干死了，我们要给菜浇水。"

于是，大家拿起小水桶，灌上水，给菜园里的蔬菜宝宝们一一浇上水。很快，在大家回去的时候，已经可以看到部分蔬菜的枝叶立了起来。回到教室，在喝水活动时，教师用蔬菜宝宝的事情来鼓励孩子们喝水："宝贝们，我们在外面晒了太阳一定也很缺水了，谁想要像蔬菜宝宝一样喝喝水呢？""老师，我要喝水。""老师，我也想要和蔬菜宝宝一样喝水。"接着，孩子们都主动围了上来，找到自己的小水杯倒上水，咕噜咕噜喝了起来。

📎 **解读：**

花茶对身体非常有好处，有些花茶可以清热明目，有些有降火功效。但对孩子而言，看到不同的花朵在水中由小变大，漂浮在水面上，以及在水中散开的红色、蓝色、黄色……这些是他们更感兴趣的。

发挥环境的隐性教育作用，充分借助环境的作用，让环境会说话，促进幼儿良好的饮水习惯的养成。除了在班级内创设一些喝水的标识以外，植物角也可以作为一个鼓励幼儿喝水的活动区域，让孩子们在照顾花花草草"喝水"的同时，鼓励和激发幼儿主动喝水、多喝水的意愿。

案例 3 **散步艺术家**

巴学园的小林宗作校长曾说："要当一个擅长散步的保育员。"就让我们来散散步，和你说说，在孩子的眼里散步是什么。和往常一样，午饭过后，孩子们最期待的散步时间到了，他们迈着轻盈的步伐走出教室，迫不及待地想要发现今天的散步"惊喜"。

（一）叶子雨

在草地的旁边，有一棵大树，树上的叶子在阳光下闪闪发光，像是镶嵌着金边的绿色宝石。孩子们围着大树，仰望着它的壮丽。多多被地上已然泛黄的树叶吸引，两只小手抓满树叶往天空中一撒，"哇，叶子雨来咯！"妞妞从地上捡起树叶，仔细观察它们的形状和颜色。教师也加入其中，和孩子们一起把树叶收集到轮胎中，将轮胎填满。果果兴奋地跳入轮胎内，让叶子包裹住自己，美美地享受这一"沐浴"时刻。

（二）小鸟在哪里

不远处，有一群小鸟在树枝上欢快地歌唱。孩子们被小鸟的歌声所吸引，他们静静地听着，脸上洋溢着幸福的笑容。有的孩子还试图模仿小鸟的歌声，尽管他们模仿得不太准确，但那种对生活的热爱和好奇让一旁的教师感到温暖。

（三）小菜地的保护者

远远地，可以看见菜地里的两只"鸭子"，孩子们称它们为"小菜地的保护者"。小气球对教师说："有了鸭子们的保护，整片小菜地都不会有坏人进来。""如果我们也想进去怎么办呢？"小气球得意地说："我和小鸭子可是好朋友，让我带你进去吧。"进入菜地后，小气球指着一片长势喜人的菜地告诉教师，这是他们班级一起种植的小青菜，每次散步的时候他都会来看看青菜宝宝，摸摸它们，希望它们快快长大。

（四）"掉毛"的小羊

在散步的途中，孩子们还看到了许多其他的美好事物。他们看到了蓝天白云，感受到了清新的空气，听到了风的低语。他们脱掉鞋子，在草坪上感受草的"挠痒痒"，感受太阳带给草地的温度，感受泥土的柔软触感。

图 4.13 孩子们感受着自然中的美好

孩子们在散步的时候发现，最爱的"小羊"朋友背上的"衣服"不见了。"它们会感冒的。""细菌要进到小羊的身体里了。"他们为自己的"小羊"朋友感到担心。"有什么办法可以帮助到'小羊'吗？"孩子们认真思考了起来。"我把自己的衣服送给它。""用被子盖在它们身上。"……因为这个小插曲，这天的散步地点又新增了一个地方——哥哥姐姐的展厅。他们欣喜地发现，展厅里有软软的、色彩鲜艳的毛线。"这些毛线抱着好舒服啊。""如果能给'小羊'一块这样的小被子，它们一定很开心！"在听到孩子们的愿望之后，教师带他们来到了哥哥姐姐的教室，鼓励他们勇敢地说出自己的想法和请求，和哥哥姐姐一起帮助"掉毛"的"小羊"。

哥哥姐姐爽快地答应了请求，并邀请弟弟妹妹挑选喜欢颜色的毛线，边织边教弟弟妹妹制作小被子的方法。就这样，三块温暖的小被子完成了，弟弟妹妹利用散步的时间，将礼物带给了"小羊"朋友。"小羊别怕，有了被子，你们就不会生病了哦。"

图 4.14　孩子们为"小羊"不再怕冷而感到高兴

　　散步中的小插曲，让孩子们懂得关心自己的朋友，并为它们想办法，而教师也小心地呵护着他们最纯真的愿望和想法，用改变散步线路的方法，启迪孩子们如何帮助"小羊"的灵感，并让他们在帮助朋友的心愿中鼓起勇气，主动寻求哥哥姐姐的帮助。循环往复的每一天，虽然波澜不惊，但总会有些小插曲，抓住这些小细节，用美的力量唤醒心灵，改变自己进而改变生活。

　　在每一次的户外散步中，孩子们不仅感受到了大自然的美丽和奇妙，还学会了欣赏生活、发现美好。他们用纯真的心灵去感受世界，用稚嫩的眼睛去发现生活中细微的美好。最平凡的也是最美好的，他们的笑声、惊奇和欣喜都充满了对生活的热爱和期待。在简单的户外散步中，孩子们学会了珍惜生活中的每一个美好，他们学会了欣赏自然、热爱生活、感恩世界，而那些美好的体验和感受也必将成为他们成长路上最珍贵的财富。

解读：

　　教师和孩子们每天看似漫无目的地散步，无形中与幼儿园的一草一木、每一个人都建立了深切的情感联结，是发现、感受和体验生活之美的过程。带着孩子去散步，允许脚底和毛孔都变成耳朵，聆听自然中的声音，感受生活中的韵味。生活就是这样，世界越是喧哗，越要学习孩子的不慌不忙，保持内心的节奏，步履从容，要和孩子一样，有一双能从最平凡的小事中发现美好事物的眼睛。

案例 4　　莫奈花园

（一）我有一个新创意

　　哥哥姐姐在中庭花园玩"石头研究所"游戏时，挖出了许多大大小小的石块，也在花园留下了许多大大小小的坑。这些小小的坑，很容易让在花园里玩耍的小朋友踩空而崴到脚。

　　这天的户外游戏，派派看着地上的这些洞洞若有所思。不一会儿，他用洒水壶灌满了水，开始往里面灌水，他想做一条小河。可是几壶水下去，小河并没有形成，倒进去的水都被泥土吸走了……派派就问："老师，怎么样才能让水不被泥土吸走呢？"还没等教师回答，旁边的小诚就接话说："可以用塑料袋，平时我妈妈去买鱼虾的时候就是用塑料袋装的，这样水是流不出来的。""可是我没有塑料袋啊！"派派有些无奈地说。于是教师走到了派派的身边，对他说："没事，我们去材料库看看吧！"

　　在教师的陪伴下，派派在材料库里翻找了一番，看到了一大张塑料薄膜，顿时眼里闪烁出了光芒。他带着找到的塑料薄膜又一次回到了小土坑。他先将薄膜铺在了小洞上，再去搬来了石块、木桩，压在薄膜的四周

图 4.15　最初的小池塘
雏形

用来固定，完成以上步骤，再将水倒在薄膜上，小池塘的雏形就诞生了。派派高兴得连声呼唤："我成功啦！我成功啦！"

可就在这时，旁边围观的孩子说了一句："这根本不像小河呀！小河不是这种颜色的。"这时心心走过来说："可以往里面加一些颜料，加一点蓝色的颜料就更像了！"派派听了朋友们的建议，就从旁边的颜料柜里找来了一些蓝色的颜料加入水中，还找来了树枝、树叶、小木屋等中庭花园里可以找到的各种自然物，把自己的小池塘初步打造出来。

（二）小池塘变脏了

户外游戏时，班级里很多孩子都对这个小池塘充满了好奇，大家也都有自己很多的创意和想法想要施展。于是在游戏一开始，菜籽、扬扬找来了他们想要让池塘变美丽的材料：各种颜料、石块、树叶、树枝……

很快就有孩子跑过来对着教师喊道："老师，不好啦！小池塘被他们搞得一塌糊涂了！你快去看看！"伴随着孩子们的呼喊，教师走到小池塘旁边，原本干净的池塘水的确变得浑浊了。看到教师走过去，孩子们纷纷

131

走过来围在教师身边开始"诉苦"。菜籽说："老师，都是扬扬，他在水里加了很多其他颜色的颜料。"扬扬有些委屈地说："我是要做一个小火山，里面喷出的岩浆不就是红色的吗。再说了，你还在里面洗手呢！"菜籽不服气地说："我是因为手上有蓝色颜料，所以才在里面洗一洗，我又没混别的颜色！"

看着他们两个人争执不停，教师将孩子们拉到旁边的亭子里坐下，一起寻找小河变脏的原因。"现在小池塘已经变脏了，你们争吵也改变不了了，不如我们一起去找找小池塘变脏背后的原因吧！"教师先开口说道。菜籽紧接着说："我觉得就是因为混入了不一样颜色的颜料，让池塘颜色改变了，看上去就脏兮兮的！"小曹说："我还看到有些树叶上有泥土，他们也扔进去，泥土碰到水融掉了，也会让水变脏的。"派派补充道："最近几天还有别的小朋友来玩，他们不知道这里是个小池塘景观，他们也破坏了我们的小池塘。""既然你们都找到了原因，那该怎么样来保护我们的小花园呢？"教师紧接着向他们抛出了新问题，"我们再去一起思考一下吧！"

（三）"莫奈小花园"诞生

接下去的几天里，孩子们还是不断地沉浸在他们的小池塘的美化中。他们先是找来了许多花园的照片，在自由活动的时候相互讨论，确定如何设计花园里的小景观。翊翊说："我觉得可以在小池塘的四周用鹅卵石铺上一圈，再给鹅卵石涂上不一样的颜色，这样就像在池塘旁边种上了五颜六色的花朵一样。"小诚说："我好想用树枝在小池塘中间架一个小桥，这样的景观和我上次和爸爸妈妈去旅游时看到的很相似。"

有了想法以后，他们先是将原先铺在里面的那张薄膜进行了更换，又重新加入了干净的水。他们还尝试分工合作，有的负责小池塘材料的搜寻，有的负责造景观，有的负责装饰布置好的景观……在大家的齐心协作下，一个新的"花园"就此诞生了。

　　游戏临近结束时，只看见小诚和另外几个女生又悄悄地在新的小花园周围忙碌着。走近一看，他们在用另一张薄膜和树枝绑在一起，尝试着做起一个保护罩。"小诚，你们在干什么呀？"由于非常好奇他们的行为，教师便向他们提问。小诚一边忙活着手里的事情，一边说："我们在做保护罩呀！""那你们为什么要做这个保护罩呀？"教师又追问。"那是因为我们每次来到场地上都会看到里面飘了许多树上掉下的叶子、果实，或者是大风刮来的东西，架一个保护罩可以保护一下。我家里爷爷奶奶就是用这个方法保护游泳池不变脏的。"小诚很自信地回答教师。原来他们每次游戏结束，第二天到场地上时都会发现，经过一晚上的时间，小池塘会被落叶破坏，孩子们这才想到要支一个保护罩，保护他们辛苦完成的小池塘。

图 4.16 "莫奈小花园"的诞生

　🖇 **解读：**

　　一个小水洼，在孩子们的眼中，有着变美的无限可能。他们也的确是这么做的，经由孩子们的巧手，一个普通的小水洼变成了如同莫奈画笔下的花园一般美丽的存在。

小"仪式"，大"传承"

仪式感，是指人们在某一场合或时刻，采取的行动和方式，表达出对于这个场合和时刻的尊重和重视。仪式感不仅仅是一种形式上的表现，更是一种内心的感受。仪式感其实就是生活的幸福感，它不需要复杂的情景或是时间的限定，某天某刻无意中获得的、接收到的，就能让人们感受到生活的美好。仪式感不仅仅是价值、文化的传承和传递，更是一种对生活的态度。

那么，对于幼儿园的孩子们来说，仪式感是什么呢？在教师看来，仪式感是一种对生活的热爱和对幸福的敏感，它的意义就在于让孩子们用认真、乐观的态度去寻找生活中那些看似稀松平常的片段，在平凡中发现生活的闪光点，在普通中发现生活的美好。中华传统文化历史悠久，资源分布广阔。对于传统文化的传承和教育而言，富有仪式感的活动是一种容易被幼儿接纳的形式，同时其内涵的表达有着重要的价值和意义，起到积极的作用。

（一）"仪"赏传统服饰之美

中国是一个多民族的国家，民族服饰各有特色。在传统服饰中，汉服颇受人们的喜爱。汉服，全称"汉民族传统服饰"，又称"汉衣冠""汉装""华服"，是以汉文化为背景和主导思想，以华夏礼仪文化为中心，通过自然演化而形成的具有独特汉民族风貌性格，明显区别于其他民族的传统服装和配饰体系。随着历史的发展，汉服文化也随之演变。法服、常服等不同形式、款式的汉服传承着 30 多种受保护的非物质文化遗产中国传统工艺。

在仪式性活动"品一口春天"中，孩子们身着传统服饰，有的穿上了汉服、有的穿上了改良旗袍等，参与活动的家长、教师们也都穿上汉服，成为校园里的一道亮丽的风景线，走过的小伙伴们投来了羡慕的目光。孩子们穿上传统服饰后的体态与平时也有着很大的区别。平日里跑跑跳跳的孩子们，穿上传统服饰后，走路的步伐减缓了，说起话来也轻声细语。这些变化正是传统服饰带给他们的，少了一些急切，多了一份礼仪。幼儿在欣赏同伴们所穿的传统服饰的同时，发现服饰材质、花色、款式的特别，线条柔美流畅，体现出汉民族恬静安逸、娴雅超脱、泰然自若的民族性格，以及平淡自然、含蓄委婉、典雅清新的审美情趣。孩子们在这样充满仪式感的活动中感受到中华文化的多样性，从而产生了民族自豪感。

（二）"仪"享中华美食之魅

中国人对饮食的重视，是自古以来重视自然、热爱生命、追求和谐的表现。中秋食月饼、端午包粽子、春节做元宵……中国南北方文化的差异，导致美食文化也有所不同。在传统的中秋节、端午节的仪式感活动中，孩子们在妈妈、奶奶们的带领下，体验了一起制作冰皮月饼，跟着奶奶一起学包粽子的活动。

孩子们对于中国饮食文化中的色、形、器、意等审美文化产生了浓厚的兴趣。通过收集资料，他们了解到食物诉诸视觉的形色，包括色泽、质感、形状等各方面，会产生美感；食物的造型技巧，塑造出千姿百态、美观大方的食物图案形状；食物的肌理感官，给食用者增加了乐趣。孩子们巧用超轻黏土的可塑性、立体的形式与多样化材质的特点，来制作各地的特色美食。作品通过协调的色彩、优美的食物造型等艺术化手法，给观展人以视觉的审美享受；通过图案的象形和寓意，传递给观展人审美的意趣。

图 4.17　妈妈老师带着班中孩子一起体验制作中国传统美食

"美食配美器"，美食与美器的和谐统一是中国传统烹饪艺术的一个重要方面。中国饮食器具本身就给人以审美愉悦之感，其种类繁多，制作工艺精良且艺术性强。孩子们利用一次性纸盘进行点缀装饰，收集适合的包装盒进行摆放，使食物和器具本身的美都得以充分呈现。

（三）"仪"品传统文化之韵

大班的孩子们看着日历表，主动提出："老师，要到端午节了，我们这次怎么过呀？"教师欣喜地发现，这一次的节日仪式是由孩子们主动提出的。于是，孩子们开始收集资料，知道端午节有编织五彩绳、射五毒、划龙舟等习俗，在班中也寻找到扭扭棒、垫子等材料来进行替代游戏，还画下了五毒动物，用沙包来射五毒……活动的内容、材料是孩子们自己从身边寻找到的，仪式感的种子在孩子们心中慢慢发芽。他们能感受到传统文化的魅力，并且将"仪式感"融入自己的生活，与同伴、家人、教师一起分享这一份美好。

📎 **解读：**

童话《小王子》中说："仪式感就是使某一天与其他日子不同，使某一时刻与其他时刻不同。"中国自古以来就十分注重仪式感。生活中需要仪式感，孩子们更需要仪式感。让孩子在童年拥有传统文化的体验和感知美好的能力，是一种精神的滋养，也是一种传承。仪式感，为孩子们传承优秀传统文化提供了契机；仪式感，使文化习俗得到了尊重和流传；仪式感，让孩子们对民族文化充满自信和认同！

仪式感活动同样也是节日文化形式最好的体现，在特定的仪式性的时间中感受家庭与社会、伦理与情感、历史观照与价值关怀。在幼儿园的时光里，教师与孩子们一起寻找、发现、享受生活中美好的点滴，孩子们从最初的接受到自发主动地想要去获得，这一转变正是仪式感所赋予他们感受美、发现美、创造美的能力。

案例 6　这么"收"，"纳"么美

孩子在哪里，游戏就在哪里。在户外活动中，孩子们在大自然中尽情游戏时，只关注"取"，教师们也更关注于"给"。材料丰富多元的同时，渐渐呈现出凌乱、繁杂的状态，使得幼儿在参加户外活动时，或因找不到所需材料浪费了时间，或因材料堆积凌乱影响游戏的心情，或因材料的无序引发孩子间的纷争。教师和孩子们都意识到，户外活动的材料收纳管理刻不容缓。

（一）自上而下，前功尽弃

凌乱的户外活动材料，引起了教师们的关注。于是，在大家的集体讨论下，成立户外活动材料管理小组，对户外的沙水区、空中花园、林荫小道、橘园、中庭花园等 7 个区域进行分区管理，针对各个区域内的材料进行分类，有序摆放到箱子里。教师们将所有玩具都摆放出来，将材料名称和数量都记录在表格中，随后依据物品的种类和猜想幼儿在活动中的用途将材料分为探索类、美术工具类、生活用品类等，并按类别分类摆放。所有的物品，在整理归纳后，看上去非常得井然有序……

初衷很好，但是美好、整洁的现象只维持了不到三天，孩子们总是找不到东西，后来又恢复了原状。负责管理的教师需要每三天定期整理，这样的方式，带来了很多负面效果：孩子们的收纳习惯没有养成，教师们的示范徒劳无益。这样一种自上而下的收纳管理模式，必然会带来失败的结果。

反思整个过程，虽然能看到即时效果，但是稍纵即逝。这其中缺少了对儿童的尊重、倾听和理解。"美在生活"倡导的是，不仅满足儿童学习和发展的需要，也要促进其在生活中观察、体验和创造美。因此，教师需要将自上而下的收纳管理行为调整为自下而上的探索实践，让孩子们与生俱来的潜能在课程学习中不断得以表现。虽然这个过程会比较困难，但却充满了创造性。

（二）对话儿童，共话收纳之美

面对失败的收纳经历，教师再次反思。其实，"美在生活"的课程实践，需要教师与幼儿在共同生活中去主动探寻生活中美好的本质，而这个过程也是一场美妙的相遇。面对收纳这个话题，也是这段美妙相遇旅程中的一个美好话题。于是，带着问题，教师和孩子们展开了一场关于收纳的对话。

教师在户外活动时，带孩子们完整地看了游戏后的材料架子和场地上闲散的"没有回家"的玩具，请孩子们说说自己的感受。

有的孩子说："我觉得玩具有点乱，我昨天用的放大镜今天找不到了。"

有的孩子说："所有的盒子没有好好放，都挤在一起，坏掉了。"

有的孩子说："垫子没有叠好，拿出来皱皱的，不好看了。"

有的孩子说："颜料盖子都没有拧好，我需要的颜色老是找不到。"

……

问题接踵而来，面对孩子们的疑问，教师再一次提出了自己的问题："要解决这些问题，我们该怎么收纳呢？到底什么是收纳？把东西放整齐就是收纳好了吗？"

幼儿1说："收纳就是把玩具整理好，要整理得整整齐齐。"

幼儿2说："东西要放在我们拿起来方便的地方。"

幼儿3说："玩具不仅要放得整齐，还要放得好看。"

……

孩子们的回答出乎教师的意料，并让教师感到惊喜。面对孩子们的回答，教师又提出了自己的疑问："那怎么样算整齐？怎么样收纳又算好看呢？"带着这些问题，孩子们开启了自己的收纳探索之旅。

（三）链接生活，变身整理能手

1. 迁移学习经验

小班孩子在开展"三只熊"的主题活动中，会学到小、中、大的排序整理经验。他们在活动中会有意识地将同类物品进行分类整理，或者会按照物体的大小、颜色等进行自主分类。因此，教师在和孩子们互动交流中，会根据孩子们的已有经验，在每一次户外活动结束时，有意识地引导孩子们尝试将物品进行归类收纳。教师们也会将整理痕迹拍成照片，请孩子在集体面前分享自己的好办法。

中班孩子在开展"我爱我家"的主题时，会涉及家中各个房间的家具、用品的摆放。他们逐步认识到，不同功能的物品有不同的摆放地方：有些物品摆放是为了方便取用，有些物品的摆放是为了美观，有些物品的摆放是为了彰显功能性，等等，他们的经验在户外活动的收纳整理中也不断被丰富。有些画画能力强的孩子，还会用简单的符号来标记他所整理的每个箱子里的物品，目的是提示他人，方便自己。

大班幼儿的生活经验更加丰富。每次在活动前，大班幼儿面对凌乱的材料，会先去整理一下，再寻找自己需要的材料，这也体现出孩子在年龄上的差异。于是，教师请大班的哥哥姐姐去采访小班的弟弟妹妹，了解他们的一些需求，并想出好办法。大班幼儿通过采访整理，共同商量制定出一些收纳规则，并提出了"整改"方法：

（1）有些橱柜太高，小班弟弟妹妹拿材料不方便。玩具架各层需要取放方便。

（2）箱子都是不透明的，放在里面的材料看不清楚。需要透明的箱子。

（3）每次材料放回去都不知道放到哪个筐里。需要有标志。

（4）瓶子和盒子太多了，看上去很乱。需要"断舍离"。

（5）有的材料拿起来太远了。需要运输工具。

2. 链接生活经验

这些"整改"方案的落实者，最终由大班的哥哥姐姐在与小中班的弟弟妹妹共同讨论后承担了下来。但是，他们也缺乏实施经验。有序的生活中处处有美好的收纳，学会收纳的艺术，就要回归生活，在生活中细心观察体验。引导幼儿链接生活经验，唤起了孩子们感知身边事物美的主动性和敏感性。

孩子们回家后会和爸爸妈妈一起讨论自己家里收纳得最满意的地方是哪里，是怎么收纳的，为什么这么收纳。有些孩子去了家居商场，看看家居店里的物品是怎么收纳的，会用哪些收纳工具，怎么摆放。大家一起用绘画、拍照、拍短视频、发分享文章等多种渠道，共同分享生活中的收纳之"美"、收纳之"巧"。在分享交流后，大家联系活动场地实际情况，调整材料收纳。

（1）橱柜同一层面提供同类玩具，方便小班弟弟妹妹取放。

（2）贴上童趣、清晰的标识，更易分辨和整理物品。

图 4.18　师幼共同调整后的沙水池收纳柜

（3）使用相同大小、透明的箱子，看上去整洁又一目了然。

（4）对玩具橱定期进行"断舍离"，看上去更舒服了。

（5）投放小推车，场地再大，也能方便取放材料。

（6）分类摆放颜料，就不怕找不到自己喜欢的颜色了。

（7）增加留白的空间，给未来提供无限可能。

福禄贝尔（Fröbel）曾说：来自现场所获得的活动，是使人印象最深刻、理解最容易的活动。所以，最好的答案就在现场。大班的哥哥姐姐在调整好材料后，作为小小"收纳师"，向弟弟妹妹们介绍各个区域玩具材料的收纳方法，展现"魔法"时刻。在讲解的过程中，孩子们体会到收纳带来的成就感，同时也在体验的过程中了解到收纳有法、整理有序。看似简单、平凡的收纳，里面却有学问、有美学、有快乐。

教师发现，在后续的户外活动中，孩子们的收纳取放更加便捷了，他们在整理时不仅方便自己还会考虑他人，当其他孩子的物品没有整理好时，会上前提醒，或者主动归位。看到整理整齐的玩具橱柜，孩子们在摆放物品的时候也会自主地做好调整。虽然过程漫长，但是孩子们感受到了收纳之美。这也会迁移到孩子们的生活中，将这种创造美的方式运用到生活中。他们会以自己的审美视角整理自己的玩具柜，调整自己的书柜，在整理小书包时，会考虑整洁、方便和美观。其实，最好的收纳是根据自己的习惯，让物品处于一个相对规整和方便自己使用的摆放位置。孩子们在收纳后发现，环境更好看了，自己更开心了。更重要的是，借助收纳可以帮助孩子培养美学意识。

📎 解读：

对有序生活的敏感，是人类的天赋之一。"生活即教育"，孩子们在参与收纳整理、管理物品的过程中，就是建立整理意识和思维，培养自律习惯的过程。通过收纳实践之旅，孩子们看到了生活经验、生活美学和生活技能的呈现，从而实现"他律"到"自律"的演变。

建立在尊重、倾听与理解基础上的美育，才能有效地将生活、儿童与教育紧密结合起来。幼儿在游戏过程中，从发现凌乱现象给游戏带来的不便体验，到经验的迁移、同伴的讨论、不同年龄段孩子们之间的有效互通，再到最终问题的逐渐解决完善，这不仅仅是解决收纳这一问题这么简单，可以延伸到生活中的方方面面。

第二节　共创"美在生活"的经历

基于杜威"艺术即经验"的美育理论，东方锦绣幼儿园探索幼儿美育的实践路径，分为发现与捕捉、欣赏与创造、表达与展示、回归与传承四个阶段。幼儿美育实施的核心是将美育落实于幼儿的日常生活场域，共创美的经历，在经历的过程中，支持幼儿建构一个个完满的经验。

案例 1　莲藕的前世今生

当孩子们在教室的书架上发现《一颗莲子的生命旅程》这本绘本时，他们对绘本中关于莲子的生长过程，以及荷花各部分的形态特征产生了极大的兴趣。其实，这个兴趣的萌发也源于中班上学期"植物的秘密"主题活动。当时孩子们就对植物的花朵、叶子、果实和藤茎有了一些零星经验。

通过亲子调查、收集资料、投票等活动，孩子们提出了很多关于荷的问题，比如：为什么荷花早上开放，晚上闭合？小小的荷叶为什么也是闭合的？在什么季节荷花的花瓣会掉落？为什么莲子长在荷花的中间？为什么藕有那么多孔？……孩子们的这些好奇，促成了后续"小荷才露尖尖角"这个美育系列活动的发生。

（一）与荷花的亲密接触

层层叠叠的荷叶、亭亭玉立的荷花、结实饱满的莲蓬，孩子们虽然之前在绘本里、视频里都见过，但是当他们站在满满一池子的夏日荷塘前，还是被这一幅"接天莲叶无穷碧，映日荷花别样红"的景象震撼了！孩子们用手触摸荷叶的独特质感，把玩水珠在荷叶上打滚旋转的有趣；用眼睛细细捕捉荷花花瓣粉白相融的美好色彩；采一株莲蓬，细细品味莲子混合着清甜与苦涩的味道……这些经历和体验，让他们对荷花、荷叶、莲蓬有了真切的感知。

从荷塘回来后，孩子们对于荷花的兴趣日益浓厚。他们运用绘画、纸工、泥塑等多种方式，打造了一个生动有趣、兼具艺术美和故事性的荷塘美景——成群的白鹅在荷塘中戏水，小鱼在荷叶间游弋，小蝌蚪跟随青蛙妈妈慢慢长大。

与此同时，教师提供了丰富的荷花艺术作品供孩子们欣赏——张大千的写意荷花清新飘逸，吴冠中的荷花速写生动有趣。孩子们在欣赏名家画作的同时，也想试着画一画。虽然他们的笔触很稚嫩，但却自信大胆。孩子们学着用毛笔来提笔和顿笔，表现线条的粗细。他们把荷花画在宣纸上、扇面上、纸伞上，完成后还不忘自我欣赏。中国传统文化中的诗情与画意就这样悄悄地植入孩子们的心田！

（二）神奇的莲藕

莲藕是生活中常见的一种食材，常常出现在我们的餐桌、厨房。很多孩子只见过餐桌上被做成菜肴的藕片、藕饼，所以当他们见到自然状态的原生态莲藕时，一下子对莲藕的洞产生了兴趣。"为什么莲藕会有洞？""藕只能有 6 个洞吗？"孩子们通过"解剖"莲藕，提出了很多猜想。有孩子猜测，莲藕中有洞是为了让莲藕变得轻一点，这样农民伯伯采摘的时候就会轻松一点；也有孩子推测，莲藕中的洞是莲藕呼吸的通道，这个设想在绘本《莲藕的孔》中得到了证实。

除了科学探究，孩子们也对莲藕的气孔充满了好奇和想象，他们将无限的想象注入莲藕，创造出一个充满奇思妙想的"莲藕小镇"：有莲藕外形的潜水艇、大飞机、高铁；用莲藕打造的游乐场，莲藕小车飞驰在过山车上，有一个用藕节连起来的大滑梯；还有装满莲蓬头的游泳池。他们则在"莲藕小镇"里游玩，把藕片当成游泳圈！

图 4.19 充满奇思妙想的 "莲藕小镇"

除了莲藕，莲的其他部位也能吃吗？孩子们还搜集了很多关于莲的食材，通过看一看、摸一摸、闻一闻、尝一尝，感受莲的美食妙用。通过收集整理，孩子们的"品莲小铺"开张了，在这里可以认识各类茶具，观看泡茶视频，亲手泡一杯荷花、莲子茶，闻一闻香、喝上一口，真的是"莲"味无穷！大家发现，原来一直在研究的莲就在我们身边，莲的全身都是宝，是大自然对我们的馈赠！

（三）"小荷才露尖尖角"展览

当孩子们对荷花、莲藕、莲子有了丰富的经历和体验后，师幼开始策划一场名为"小荷才露尖尖角"的展览，他们希望向全园的教师、孩子、家长展示他们的收获和成果。

1. 策展：选择展览的内容和形式

孩子们首先讨论和确定哪些内容适合展览，比如他们之前创作的荷塘、荷花扇面和纸伞、用纸盒搭建的莲藕小镇等。在布展的形式上，教师提供了一些意见和支持，比如可以高低错落地摆放艺术作品，在墙面的电子镜框中放大一些局部细节，以便让参观的人看得更清楚。除了静态的艺术作品呈现外，孩子们还想到设置一些具有互动性的活动，比如茶艺体验活动，让来参观的孩子们自己体验如何泡一杯荷花茶等。

2. 展览：自主导览

到了正式展览时，由负责这个展览的班级幼儿自主担任导览员，负责展览的解说、秩序引导等。

如周周画了一幅荷塘图，她介绍说："我画了两支枯萎的莲蓬和两朵鲜艳的荷花，一个在水下，一个在水上。还有一个很小很小的花骨朵。水下还有很多的荷钱，水上有立叶和浮叶。"

又如陶灼画了一辆房车，他解说道："这是我画的莲藕房车，车轮是用莲藕做的，是拖挂的。前面的得用皮卡车拖。最上面的是太阳能板，还有两盏灯，并且这个还是两层的。有户外厨房，还有两个可以用手按的东西，还有梯子，可以爬上去擦这个太阳能板。这辆车是挂黄牌的。"有小朋友问："你的这个房车设计得好高级啊，你为什么会想到要把莲藕设计成一辆房车呢？"陶灼答道："因为莲藕有丝，很适合用来做拖挂的房车。"

3. 优化布展

在展览现场，孩子们还安排了展览的观察员和意见收集员，他们观察展览现场不同展区的受欢迎情况，对参加展览的其他幼儿进行采访，听取意见，并基于观众的意见对布展进行优化和调整。

（1）采访

意见收集员："你们今天看了我们大班的展，有什么意见吗？"

幼儿 1："这里你们用纱布做的河水很好看，而且灯光照下来蓝蓝的很好看。我给你们建议，这个地方铺上纱会很好看，但你们用一块板遮起来了，所以这里空空的不好看，你们可以用纱布铺满。"

幼儿 2："我觉得这个泡茶仪式很好。我就是感觉这里范围有点大，我们小朋友看不出来是真的还是假的（分不清实物还是美工作品）。这些包装上的图片画得不太像。而且这个前面的挡住了后面的字，我们小朋友不知道。我觉得把这个放在前面一点。小朋友泡茶的时候，把板子后面的茶叶加进去就更好了。"

幼儿 3："我觉得这一块很好，安排得很好，看上去一点都不乱。我觉得这里的伞都围在一起很好看，但为什么这把伞就放在这边，其他伞都聚集在一起？"

（2）策展幼儿对于观众反馈的回复

小海绵："这把伞的确摆得太开了，很有可能被人踩到，我觉得把它摆到大伞那边，就不会一不小心被踩到了。"

微微："刚才那个小朋友说那个地方用纱把圆圈全部围上，但是我觉得围到一半也挺好看的啊。"

添添："都是那块板，纱布铺在上面很好看。可是那块板用纱布铺满，再弄一点装饰品我觉得也可以。"

辰辰："莲藕小镇，我感觉可以在画上写一点字，或者添加一点东西。比如说这是一艘船，有的人看不出来这是一艘莲藕船，那就画一艘正常的轮船来表示。"

（四）小荷尖尖，还在继续……

通过一系列的活动，孩子们发现荷花在我们的生活中随处可见，公园里的建筑上、家里的花瓶装饰、墙上挂着的画，甚至奶奶外婆的衣服上、纱巾上都能找到荷花的元素。自然而然地，幼儿园开启了中国传统的莲荷文化探索。

孩子们还发现原来他们念过的古诗里有很多关于莲的描述。"接天莲叶无穷碧，映日荷花别样红。""江南可采莲，莲叶何田田。"还有很多画家也喜欢画荷花。对荷花这个主题产生强烈兴趣的孩子，很自然地展开了荷花的探索之旅。

图 4.20 "小荷才露尖尖角"展厅

🖇 解读：

回顾整个"小荷才露尖尖角"的实践案例，是一场围绕着生活中常见的荷花和莲藕的美育经历。教师支持孩子们欣赏荷花之美、探索莲藕之秘、自主表达创作、策展布展……孩子们不仅收获了关于荷花、莲藕的丰富经验，更发现美其实就在身边，可以通过自己的眼睛去捕捉，用自己的双手去创造。

可以说，大七班的孩子们正展露出自己的尖尖角——他们大胆创造，从确立主题到活动开展，最后完成展出，孩子是整个活动的主人；他们自由讨论、自由分组、大胆创作，运用不同的材料、多种形式进行表达、表现；他们乐于合作，在创作过程中遇到各种困难时，能相互商量、相互帮助，利用各种材料实现自己想要的效果；他们善于观察和思考，并且在创作过程中更加关注细节，当遇到问题时，他们会通过收集资料、询问教师和爸爸妈妈、阅读书籍等方式找到自己想要的答案；他们自信表现，在作品完成后愿意向同伴展示，分享交流，感受成功带来的喜悦。我们相信，"小荷"们也将继续成长，绽放属于他们的独特光芒！

案例 2　Citywalk 滨江漫游记

"Citywalk" 意为"城市漫步"，是时下热门的游玩方式之一。国庆假期回来上学的第一周，Citywalk 就成了班级孩子讨论的热点。几个孩子聚在一起热烈讨论着他们在滨江骑行中遇到的各种好玩的人和事儿，成功吸引了其他孩子的关注。在倾听孩子们的讨论过程中教师发现，他们的滨江骑行经历就是城市美好生活的缩影，其中的一举一动、一景一幕都是真实的生活体验，而美育的载体不就是生活吗。由此，一场名为"Citywalk 滨江漫游记"的活动拉开了序幕。

（一）Citywalk · 见艺术

罗丹说过："美是到处都有的，生活中不是缺少美，而是缺少发现美的眼睛。"上海浦东东岸滨江环境优美，是上海的一张美丽的城市名片。在 Citywalk 漫游滨江中，孩子们漫步黄浦江边，身处浦东"三剑客"之中，遥看对岸百年外滩建筑群，听听江上船只的汽笛声，和同伴一起嬉戏互动，在享受惬意时光的同时，感受建筑艺术带来的视觉震撼，感受上海独特的海派氛围。

在滨江游览中，孩子们观察到对岸的万国建筑群，席地而坐，选取一个最美的角度进行写生。25 位小朋友的写生作品组合成一幅"滨江建筑长卷画"，将滨江对岸的建筑描绘在了长卷中。丰富的线条，高低错落、不同形状的屋顶，将各式建筑的外形特征表现得淋漓尽致，勾勒出了孩子们对于万国建筑的理解和表达。

孩子们身处滨江，近距离观察到黄浦江上繁忙的船只，发现摆渡船载着人们从浦东到浦西，货船装载货物前行，游览船上的乘客可以欣赏江边的风景。于是，一艘艘大小不一、功能各异的轮船作品，出现在了孩子们彩绘的"黄浦江"上，川流不息。

滨江的美，值得孩子们尽情地探索。白天的滨江，在蓝天、绿地的包围下，在阳光的映衬下，风光亮丽；夜幕降临，魔幻的灯光将滨江两岸装点得如同童话世界一般。白天和夜晚两次不同的滨江游玩经历，给予孩子们不同的感受和创作灵感。看，他们用灯光营造滨江夜晚的氛围，在制作的高楼之中装入小灯，在灯光映衬下，夜晚的滨江呈现出与白天不一样的味道。孩子们用这种独特的表现方式，将璀璨的夜晚滨江带到幼儿园和同伴一起分享。

（二）Citywalk·爱自然

滨江 Citywalk，怎能不提黄浦江呢？黄浦江是上海的母亲河。蜿蜒绵亘的黄浦江，永不止息，见证上海的百年风华。在江边游览时，孩子们惊讶地发现，江水的颜色正如黄浦江的名字一样是黄灰色的，江水并不清澈，两岸会有一些沙砾、淤泥。孩子们使用画笔，将江水刷出与黄浦江水相似的颜色，并在江水两侧铺上沙砾，再现黄浦江的滔滔江水。

在滨江游览时，还可以看到不一样的天空。晨间漫步，早晨的空气清新舒畅；晚间漫步，多雨的上海正巧转晴，虽有些遗憾没有看到火烧云，但当晚的夜景格外迷人。"真羡慕江鸥可以在江上飞！"江上的江鸥吸引了孩子们的目光。孩子们想像江鸥一样俯视滨江的想法得到了芒果爸爸的支持。芒果爸爸通过无人机拍摄的方式将孩子们在滨江游玩的情景记录下来，留下了美好的回忆。

孩子们相约在滨江边露营，和伙伴们一起搭建帐篷。蜿蜒连成片的街心花园经过，围绕着各种花草的平台，视野开阔的江景，所有的一切与以往的露营体验是那么地不一样。孩子们一边露营，一边分享美味、晒太阳、呼吸江边清新的空气。于一年四季中欣赏江畔风情，享受一日三时的滨江生活。这也不失为一种享受美好生活的方式，这种体验也给周末平添了一抹别样的色彩。

（三）Citywalk·享生活

在和孩子们一起设计东岸滨江的骑行路线过程中，教师不仅发现了沿途风景和规划之美，更感受到人们各种享受生活的状态带来的"小惊喜"。

瞧！小家伙们骑行时多么开心！面对多变的路况，孩子们要控制自行车的速度，爬坡时用力、下坡时带点刹车，丰富了孩子们的生活体验。当选择骑行的小朋友在上上下下的坡度上备受折磨时，使用滑板的小叮当反而成为大家羡慕的对象。在复杂地形中，骑滑板无疑是个很棒的选择。

于是，各式各样的骑行装备，成了孩子们讨论的热点，他们用泥塑、绘画、拍摄记录等多种方式，展现自己喜欢的骑行装备，创意满满。也许，在小设计师们的创意发挥下，将来会有更好玩的骑行装备出现在生活中。

骑行的经历，也让孩子们关注到滨江上另外一道活力风景线——老人在散步、打太极拳；叔叔阿姨在散步、跑步；有的成人推着婴儿车来江边欣赏风景；还有哥哥姐姐在玩滑板、少年在打篮球、运动达人在健身……这些活力瞬间映入孩子们的眼帘，他们用自己的艺术表现形式记录了下

来，并融入滨江漫游记中。

诗人沃兹华斯（Wordsworth）曾说："我不知道还有什么别的地方能在如此狭窄的范围内，在光影的幻化之中，展示出如此壮观优美的景致。"夜晚的滨江之所以美丽，离不开灯光的映射。滨江边的路灯，建筑散发出来的璀璨灯光，从轮渡码头到宏伟的大桥在夜色下散发不一样的美。华灯初上，点亮一座城。

夜晚游览时，孩子们还偶遇一个街头演出团队正在演出，他们被歌声吸引，驻足观看。在夜晚的滨江，不仅能骑行、散步、观看风景，竟然还可以欣赏演出。孩子们表示想一起唱首歌。在和组织者协商后，孩子们有了一次美妙的合唱体验。孩子们自信地在公众面前展现自我，充满热情的童声融入滨江的夜色。这种体验带来的幸福感，让孩子们充分感受到美无处不在，快乐随时绽放。

在 Citywalk 漫游滨江的过程中，孩子们也用童稚的眼光捕捉各种美好瞬间，用相机记录下不同视角下的滨江之美。孩子们拍摄的作品中，有同伴玩耍的瞬间，有骑行、散步的人群，有坐在椅子上看风景的人，等等。一双善于发现的眼睛，一个无处不在的镜头，记录身边发生的"美好生活"。

（四）Citywalk·乐分享

正因有了丰富的滨江体验，教师、幼儿、家长合力，将三次 Citywalk 的经历制作成海报在园所展示，吸引了幼儿园的其他家长、小朋友们驻足欣赏。

三份海报在幼儿园门厅处展示，便于参观者了解 Citywalk 滨江漫游记中发生的趣事。活动中的小视频还被制作成二维码，参观者可以用手机扫码观看。孩子们还化身小小推荐官，走进幼儿园各个教室，向全园师生推荐我们的 Citywalk 滨江漫游记。

图 4.21　第一次 Citywalk
——滨江漫游记

图 4.22　第二次 Citywalk
——从傍晚到星夜

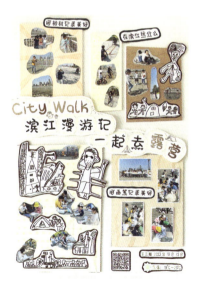

图 4.23　第三次 Citywalk
——一起去露营

大三班的滨江漫游，也成功引发了一场全园范围内的Citywalk热潮。武康路、新华路、安福路等特色街区，都是上海Citywalk的热门线路。越来越多的家长利用周末，陪同孩子走出家门，去亲近上海这座城市。

🔖 解读：

"城市，让生活更美好"（Better City, Better Life）是中国2010年上海世界博览会的主题。城市何以让生活更美好？如何让幼儿体会到城市生活中的美好？这是大三班 Citywalk 滨江漫游记的主旨。

孩子们发现，城市之美不仅表现在外滩边的外国建筑群的艺术之美，也体现在黄浦江的滔滔江水、宏伟的江上大桥，以及夜色中的光影之美。更为可贵的是，孩子们将目光投向生活在这座城市中的人们，那些他们亲眼见证的滨江步道上的活力人群。因此，滨江不再仅仅是一条健身和观景步道，它更是展现城市美好生活的缩影。

大三班的 Citywalk 滨江漫游记还可延续，Citywalk 不止于滨江，寻美之路还能继续。跟随孩子们的脚步，走出幼儿园，行走在上海滨江步道，用双脚丈量，用眼睛探索，用耳朵倾听……一步一步去贴近上海这座城市的"呼吸"，感受它的独特魅力，共同享受美好生活。在发现城市中各种美好存在的过程中，世界的精彩也将在他们面前一一呈现，孩子们的心灵变得越来越丰富，他们对美的感受也会融入生活的每个角落。

案例 3　一米花园

在幼儿园三楼空中乐园里，点缀着数组花坛，高低错落的，种满了鲜花和绿植，煞是好看。

（一）不认识的花

在巡视户外游戏时，两个大班的女孩跑来问教师："有什么工具可以给这些植物浇水？"教师环顾四周，没看到洒水壶，于是就把问题抛给了孩子："这里有什么可以用来盛水吗？"她们看了看，说："就用我们'家'里的碗和杯子吧。"说完，她们去接了水来，一边给花草浇水，一边对话："你知道这是什么花吗？""我不知道，你知道吗？""我也不知道。""那我们下次种点我们认识的花吧，不然别人到我们'家'里来，怎么介绍给他们看啊。"

"种点我们认识的花"，这不就是孩子的需要吗？两个女孩依偎在花坛旁的"家"，也许这个花坛就是她们家的花园，有客人来了需要带客人参观，向客人介绍，但是满目绚烂但自己都不认识的花让两个主人犯难了。同时空中乐园的材料库里没有预备养护植物的工具，在今天的游戏中，孩子们虽然用碗和杯子代替了，但后续松土、拔草等还是需要有种植工具的帮助的。

孩子的需要往往就藏在行为动作里、简短的对话里，这就是教师要耐下心来观察幼儿、分析幼儿的原因。从她们游戏中的对话，教师捕捉到了当下她们的需要——种自己认识的花。教师决定要支持他们种花的背后，也藏着教师的"私心"——种花是不是能让孩子们的游戏得到某个方面的延续和拓展？会不会引发幼儿科学探索类活动的兴趣？

（二）我想种的花

在与园长、部主任协商后，教师决定结合3月的植树节，开展种植月活动，将原本花坛里种植的绿化移出，空出的花坛每班承包一个，让孩子们种植他们认识的、想要种的植物。

既然是孩子们想种花，种什么当然是由他们决定。教师建议在班级里开展关于栽种什么植物的话题讨论。于是一场场关于植物的讨论会在各班如火如荼地举行，他们从好看的、好吃的、好照顾的等角度提出建议，发表想法，还用演讲的方法为想种植的植物拉票，从绘本中认识、了解更多的植物……就这样，每个班级都选出了孩子们想要栽种的植物，有小番茄、黄瓜、草莓、茄子、玉米、葫芦、向日葵等，并把需求传达到了后勤教师处。3月中旬，这些可爱的果蔬苗就位了，同时送来的还有大小不一的铲子、耙子、洒水壶、手套等劳作工具。

（三）装点一米花园

孩子们煞有介事地拿着工具，捧着果蔬苗，和教师一起来到花坛边，小心地挖洞，轻轻地将小苗放进洞里，盖上营养土的时候仔细极了，压重了怕压坏果树苗，压轻了又怕小苗站不稳、站不牢。等到全部种下以后，他们又接力运洒水壶，给小苗喝饱了水。

看着一个个班级的孩子们满心喜悦地栽种，教师产生了疑问：是不是每个孩子都知道自己班级种的是什么植物以及种在了哪里？会不会有孩子对其他班级的种植感兴趣？教师们沟通这些疑问以后，大家对孩子进行了访谈，发现确实会存在这些情况。

于是教师们又带着孩子们一起开始了新一轮的活动——制作班牌。孩子们不仅用自己喜欢的颜色、图案来装饰班牌，还标记上了种植的植物图案，让人一目了然。做完这些，孩子们又来到花坛边，欣喜而郑重地将班牌插进泥土里，还不忘找个最醒目的角度将班牌展示出来。

自此，三楼的花坛有了一个好听的名字——一米花园。孩子们到了三楼，不光照看自己班级的植物，也会到其他班级的花坛边去观察植物的

　　图 4.24　装点自己班级的"小花园"（1）　　图 4.25　装点自己班级的"小花园"（2）

生长。"中二班的草莓还没长出来，但是叶子已经很大了。""我看见小一班的花坛里有一根很细很细的黄瓜，我想摸摸，就是上面有刺。""中五班的番茄开花了，小番茄应该也快要长出来了吧。"他们在关注到其他班牌信息的同时，也会表达自己的喜好。"我喜欢他们牌子上画的草莓。""我觉得这个小雏菊画得真好看。""他们这个粉色是怎么变出来的？我也想调一个。"另外，他们对自己的作品成果也非常自信和满意。"我还是喜欢我画的这个小番茄，每个番茄都在笑。""我觉得我调出来的这个蓝色是最好看的。"

自从有了班牌以来，孩子们的关注点开始扩大。不仅关注自己班级的，还开始关注其他班级的；不仅关注植物的生长，还关注班牌的美观。由此还在户外游戏中自发生成了一些装饰花坛的活动。教师只是推动了班牌的制作，剩下的活动都是源自孩子们对美的直觉感受和对植物生长的美好期盼。

（四）留住一米花园

随着植物的生长，一米花园越来越茂盛，越来越热闹，在绿叶中点缀着红红的草莓、黄黄的番茄、紫紫的茄子、长长的黄瓜、大大的向日葵……孩子们兴奋之余，也提出了自己的想法和担忧："这么好看的花，我想把它拍下来。""等它们枯萎了，就再也看不到了。""我想把果子摘下来，可是它这么好看，我舍不得。"

当教师听到这些声音后，就继续和孩子对话：怎么才能留住这些美好的瞬间？你们需要什么材料吗？根据孩子的需要，画板、照相机等物品成了材料库的新成员。孩子们有的给植物拍照，有的给植物写生，就想把最漂亮的景色记录保留下来。不论是绘画作品，还是摄影作品，都是孩子眼中最美的景色。叶片上的露水、枝节下的果实、泥土上的藤蔓，都有着独一无二的姿态，鲜艳娇嫩的色彩，这些都是孩子能感受到的美，表现出的美。

（五）收获的喜悦

伴随着阳光雨露的滋润，一米花园的果蔬陆续结出了果子，慢慢地长大成熟了，花卉也迎着阳光挺立着，绽放着。孩子们终于迎来收获的时刻，他们带着篮子、剪刀，采摘着劳作的收获和生命的果实。回到教室，大家就迫不及待地把小番茄和草莓洗干净，仪式感十足地送进嘴里，就连平时怕酸的孩子也吃得津津有味。一些需要烹调的蔬菜，如茄子、黄瓜、韭菜等，孩子们带回家，和爸爸妈妈一起享受自己的劳动成果。

有了这样的经历后，孩子们把兴趣带到了教室的自然角。以前自然角的植物都是以教师、阿姨照料为主，孩子们被动参与照顾植物。而现在，自然角变成了孩子们的天地。一有活动间隙，他们就来看护照料，甚至还和植物对话，希望它们能快快长大。

（六）失败中的成长

有收获也一定会有失败。一次孩子们发现，一颗熟透了的草莓被飞过的小鸟啄掉了一大半。虽然他们大方地表示，能让小鸟解解馋也挺好，但是仍掩饰不住不能自己品尝的遗憾。于是大家开始讨论，有什么办法能保护好果实不被小鸟吃掉。大家想出了好多办法：轮流站在一米花园里守护果实；做个稻草人把小鸟吓走；用黑色塑料膜把果实遮住；插个风车代替稻草人；……最后他们选出了省时省力的风车，让它转起来吓走小鸟。经此一事，果然再也没有发现被啄过的果实了，孩子们欣喜不已。

还有一次，孩子们发现，其中一个花坛中种下去的水仙一点动静也没有，倒是长出了不少杂草。经过教师的确认，可能是在较寒冷的3月栽种后没有及时做保暖工作，水仙花茎已经被冻坏了，无法继续生长。看着孩子们失望的眼神，教师提出了建议：和孩子们一起总结这次失败的经验，再选择一次种子来种，这次一定要照顾好植物，让它顺利长大。得到这个信息，孩子们既开心又担心。开心是因为他们还可以再尝试一次，并且决定栽种辣椒；担心是因为有了一次失败的教训，害怕下次的种植仍会失败。教师抓住孩子的矛盾心理，针对照顾好植物的焦点问题，和孩子们一起了解辣椒生长需要的阳光、水分、温度等。经过这样充分的准备，孩子们这一次的照顾过程，明显比之前一次要细心很多。在辣椒长成、收获的瞬间，孩子们终于露出了安心的、喜悦的笑脸。

📎 解读：

孩子们在花坛里种下了一颗会生根发芽的种子，而教师在孩子们的心里种下了一颗感受美好的种子。一米花园的欣欣向荣，正是因为有了孩子对植物生命的关注，对环境美化的创造，对这一切带来的美好生活的向往。

失败固然让人沮丧，但是从失败中吸取的经验却是异常宝贵的。一米花园活动中两次失败的经历，不仅丰富了孩子们关于保护果实和照顾植物的经验，更是让孩子们面对挫折、正视与珍惜热爱生命的品质得到了培养。教师能适时地借机让幼儿在失败中收获和成长，用自己最直接的经验让幼儿面对挫折，感受生命的美好。在孩子们照顾植物生长的过程中，教师需要做的是观察、记录、识别、支持，为孩子们发现和感受更多的美好提供助力。

一根线的无限可能

一天下午户外运动时，天空下起了小雨，雨下得又密又细，孩子们穿上了雨衣在雨中感受玩水的乐趣。看着下个不停的雨，一个孩子叫嚷起来："你看，雨一根一根地下着，这雨看着就像是从天上掉下来的一根根的线。"教师就着幼儿的发现进行了追问："雨会变成线，幼儿园里还有什么地方有线？"孩子们一下兴奋起来了，他们在教室里找寻线，在楼廊中找寻线，在校园里找寻线，孩子们都对线产生了浓厚的兴趣，于是一条线的探索开始了。

在探索线的过程中，孩子们提出了许多问题。他们注意到，日常生活中的许多物品都是由线条组成的。例如，衣服上的花纹是由线编织而成的，而充电线、绳线和电话线等物品中也都有线的存在。这些肉眼可见的线在生活的各个角落中都有应用，而在线的世界中，还存在着许多神奇且不可见的线。

为了解答他们对线的疑问，并深入探索其奥秘，教师进行了亲子调查并收集了相关资料。此外，他们还带来了许多与线条有关的绘本，通过共同阅读绘本解决了一部分疑问。孩子们还发现，线条在我们的生活中无处不在，并且有多种形式的表达和创作。我们决定先从自然、生活中的线以及摸得到、摸不到的线等方面开始进行探索和创造。

（一）线与自然

大自然宛如一位艺术家，每一笔勾勒，都精妙到无可挑剔。生活中充满了各种奇妙的线条。他们寻到各种线条，叶片上有着复杂脉络，木条上有着细腻流畅的纹路，连校园的轮胎上都有着各种不同的线条。孩子们静下心来细细观察这些自然中的叶片、纹路，也对自然界的这些线条产生了好奇心，它们有着千奇百怪的形态，那么相似又那么不同。自然界的线有哪些形态？直线、曲线、波浪线、锯齿线等。

孩子在寻找线的过程中认识了各种线条。他们对照自己找到的这些奇妙的、千奇百怪的线条，将对于自然界的各种线条的理解在画纸上画了出来并组合在一起。那些轮胎上曲折的印记，那些树木上一圈圈的年轮，那些枝叶繁茂的、有着不同分叉的树枝，那些鹅卵石上被水流冲刷出的波浪的线条，都经由孩子们的手变成了各种具象的线。自然中的线条和孩子们画出的线条奇妙地组合成了一幅幅画，美轮美奂，奇妙不已。

（二）线与生活

孩子们在研究线的过程中发现，外婆在家里织的毛衣就是由一根根的毛线变成的。一根根的线是这么神奇，能变成一块块的布，最后变成一件件的衣服。那是怎么从一根根的线最后变成衣服的呢？孩子们经过调查和探索发现，原来线通过编织，通过线和线之间一上一下翻转、交会最后交织在一起，就变成了生活中温暖的毛衣、毯子。

编织是中华民族传统的手工艺术，蕴藏着深厚的中华文化，编织品种繁多，编织的材料也多样，如绳编、纸编、棕编等。编织的方法技巧多样，具有鲜明的民间艺术特色。于是我们为孩子提供了织布机和各种编织材料，让孩子在想想、玩玩中编出童趣，织出创意……

孩子们还发现，餐垫也是用线织的布，餐垫上还有线组成的花纹。他们经过调查发现，原来小学生和幼儿园的孩子不一样，他们吃的是盒饭，需要准备餐垫去保护桌面。于是他们萌发自己制作餐垫的想法。他们尝试用各种材料来编织，比如毛线、扭扭棒、冰丝、纺织线，在此过程中对各种材料编织的线条的质感也有了直接的经验。孩子们不仅编织了自己的餐垫、杯垫，还编织了建构区的垫子、椅子上的毯子等物品。

图 4.26　线之天地

　　孩子们沉浸在了线的世界中，对和线有关的一切都充满着好奇，他们不停地摆弄、观察、触摸，对新材料的最初的求知欲、好奇欲激发着他们不停探索的欲望。生活中的物品能不能全部都用线来编织、创造呢？有了这样的想法，他们跃跃欲试，想要设计一个属于他们的线之小屋。他们将编织的物品和由线装饰的物品组合在一起，摆放出了属于他们的线之天地。这里有毛线编织成的毯子、靠垫、桌椅和小床，有藤条编织的小床，有各种材料的线装饰成的生活中的日用品，等等。他们在不经意间用自己的方法表达了对于美的感受——在他们眼中，线条的色彩、粗细、质感都可以用来表达生活中的不同事物，可以表达自己对于生活的热爱。

（三）线与地图

　　"婷婷老师，地铁线路图都是不一样颜色的线条。"毛毛在一次坐地铁来幼儿园的路上，突然发现地铁里的线路图是由各种线条组成。他的分享一下子激发了孩子们对于地图的兴趣。

　　过了一天，瑶瑶拿着一张打印的地图来到班级。"这是我带来的幼儿园周围马路的地图，你们看是不是有很多线！"就这样，孩子们提出："我们也来做一张属于我们自己的地图吧！"

孩子们根据自己对地点的心情选择地图的底板的颜色。"这里有条河，就用蓝色吧。""这里是我们幼儿园，我最喜欢来幼儿园了，我要用红色来表示。"……他们选择了各种颜色、各种材料的线，在地图上表示他们对各个地方的感觉和想象，孩子们将自己心中的美好路线绘制了下来，一起完成了一幅幼儿园附近的线之地图。"这条路可以带我去外婆家，走在路上常常会有着最最温暖美好的回忆。""这条路可以去迪士尼乐园。""这条路可以回老家，我们老家要坐飞机才能到。""这条路可以去我的好朋友家，我们在外面一起学钢琴。"……孩子们画出了他们走过的路线，也画出了他们想象中的通往未来的路线。

而这只是开始，孩子们新一轮的探索发现悄然展开。在早上来园、下午回家的路上，他们在马路上仔细观察，慢慢回忆——原来，在这条往返多年的路上也有值得牢记的点滴，有值得回味的美好生活。他们拿着照片和同伴分享他们的发现，诉说特别的故事。"这里是幼儿园的路口，我常

图 4.27　孩子眼中的幼儿园周边地图

常在这里遇到好朋友，一起走在上学的路上，心里真开心。""这是湿地公园旁边的爱心墙，我放暑假的时候在这里遇到一只流浪的小狗，我还给它喂食物呢！"慢慢地，他们将自己走过、探索过的线路和他们创造的地图结合了起来。

在展厅悬挂地图的时候，跳跳想让观展者从各个角度都能看到他们自己设计的幼儿园周边地图，于是在同伴和教师的帮助下，将地图悬浮挂在空中，利用空间的错落和前后关系，将地图布置成了 3D 效果，让路过展厅的人都能够从不同角度发现地图的特别之处。

（四）线与大师

孩子们通过丰富的活动感受到线在我们生活中随处可见。幼儿每日走进幼儿园后也能发现很多线，在上楼梯的过程中还能看到很多艺术大师用各种线条创作的名画。自然而然地，幼儿产生好奇，于是我们开启了名画欣赏和线与大师的活动。

康定斯基通过线条与色彩来表达画面，他的画欢快、活泼，你能从他的画中感受到音乐的韵律。胡安·米罗"线条的旅行"，通过线条与想象力的配合，创作有趣的故事情节，使画面具有童趣。而波洛克的线像，在他的世界里，线与线的交织是永恒，他以行动绘画的方式，运用不同的韵律的线条完成对自我与世界的表达，有的线缓慢如行云流水，有的线急促如跳动的钢琴键盘。还有"乱画大师"杜布菲，他通过线条来进行探索、创作和表达……

孩子们在欣赏名家画作的同时，也想试着画一画。他们学着用毛笔提按来表现线条的粗细，也学着用不同材料的线来进行艺术创作和自我表达。虽然笔触稚嫩，但却自信大胆。比如有孩子用彩色的钢丝和手工纸组合成立体的点线面，还有的孩子跟着线条去旅行，打开想象的翅膀，创造出了一场美好的线之梦。孩子们在边制作边分享的同时，也想让其他班级的孩子一起来体验线条跳舞、扭动的乐趣，于是在展厅处将两张桌子合并在一起，找来一块大面积的挤塑板，并提供了花艺铁丝和较硬的彩色卡纸，让路过的孩子、教师和家长都能更直观、更形象地体验到康定斯基藏在线条里的魅力。

（五）线与我

通过"线与大师"活动，幼儿对于线这一载体又有了更多的想法。

"我们的自画像是不是可以不光用线条画一画，还可以用毛线做？"

"那我想扭一扭我之前画的自画像。"

"我要用钢丝，我就是这么酷。"

"瞧，这是我，毛线、铁丝、绳子、刺毛条都是我身体的一部分。"

"每个我都是独一无二的。"

"我的头发长长的。"

"这两个小小的线圈就是我的眼睛。"

于是我们接着开展了"线与我"的活动。孩子用毛线在废旧的雌雄贴上缠绕出属于他们的独一无二的自画像，用钢丝和毛线表现独一无二的"我"。通过不同材质，不同疏密的线条表现自身的情绪，体验着线条丰富的表现力，展现着每个孩子独一无二的独特性。而艺术的多样性就这样悄悄植入孩子们的心田，引导着孩子们走入一个开放的、有张力的艺术世界。

孩子们在创造了各种各样的"我"以后，在展出的时候还提出了很多奇思妙想。他们通过主题活动"我自己"的学习，对于影子有了强烈的探索欲望。于是他们想到了可以在自己用钢丝做成的自画像前摆上小灯，这样通过光线和线条的不同角度，会折射出不同大小、形态的造型，这样就

图 4.28　不同艺术表达形式下的"线与我"

能照射出不同的自己了，更体现了"每个我都是独一无二的"这一主题。

📎 **解读：**

　　线是世界构成的最基本的元素。正因为线简单，所以存在着无限的可能。在这场由一条线引发的美育实践中，孩子们通过观察、收集、思考、创造，运用多种材料、多种方式开展对线这一主题的探索。在这个过程中，他们不仅收获和积累了关于线条的认知经验，还深入生活，处处发现线条与日常生活的关系，发现线条与美的关系，并用自己的双手，用线条创造出独属于自己的美。原来一根线，也能做出大文章来！

第五章

美育合伙人：
园家社美育同行

　　开展幼儿美育，除了幼儿园，家庭与社区也是重要的实践场域。蔡元培先生明确指出，美育应包括学校美育、家庭美育和社会美育三部分。他认为，在学校教育方面，所有课程都和美育相关；在家庭美育方面，重点是环境美和言行美；在社会美育方面，要充分挖掘公园、剧院、美术馆等社会场馆美育资源。

　　为了形成园家社美育同行的愿景，东方锦绣幼儿园从三方面着手：面对教师队伍，通过研训活动，提升教师的审美素养和人文底蕴；面对家长，通过对话形成美育愿景的共识，在活动中提升家长对幼儿美育的价值的认可；面对社区，挖掘和筛选适合的美育资源，将资源转化为幼儿课程经验，让社区成为幼儿美育的实践场。

第一节　尚美师资，向美而行

　　为了保证东方锦绣幼儿园美育实践的实施，在师资培养的过程中，幼儿园引导教师重新解读与认识美育的内涵和价值，逐步认识到自身所担负的教育使命和重任，增强职业认同感。通过拓展培训渠道，搭建多元学习展示平台，激发教师内生动力和创新能力，扎实推进尚美师资团队的建设。

一、美为何物，共话育美愿景

英国的思想家戴维·伯姆（David Bohm）说："对话仿佛是一种流淌于人们之间的意义溪流，它使所有对话者能够参与和分享这一意义之溪，并因此能够在群体中萌生新的理解和共识。"① 教师是课程实践的主体，通过平等对话，教师建立起对"美在生活"理念的理解与认同，并在对话中实现新的理念、精神和情感的联结，最终实现心灵和认知上的同频共振。

这个世界从来都不缺少美，只是缺少发现美的眼光，缺少感受美的敏锐心灵。教师作为美育工作的重要实施者，更需要对美有较高的敏感度。为了了解教师对"美在生活"这一理念的理解情况，幼儿园对全园教师进行抽样问卷调查，并展开了深度访谈。

表 5-1　全园教师对"美在生活"理念的理解情况

序号	对"美在生活"理念的不同理解	关键词提取
1	源自生活，回归生活本质，围绕幼儿的真实生活，并渗透在一日活动中。	源于生活，归于生活
2	来自生活中美的理想、情操、品格、素养等，将认识、体验、感受、欣赏、创造浸润于一日生活中，从而内化于幼儿生活中。	美是多元的，浸润、内化于生活
3	美渗透在幼儿成长的各个方面，通过广泛综合的活动让幼儿认识美、欣赏美、创造美，最终由表及里，以育人为核心，培养幼儿心灵美。	全面培养，育人为核心
4	体现幼儿本真的生活状态，以"儿童发展"为核心，以自然主义和中国传统文化为线索，回归、还原儿童的本真。	本真、自然主义和传统文化

　① 戴维·伯姆.论对话［M］.王松涛，译.北京：教育科学出版社，2004：6.

从问卷的高频词条以及访谈汇总结果可以看出，大部分教师都能从更加广泛的视角来定义"美在生活"这一理念，很多教师提到了环境、文明礼仪、自然、生命、传统文化等关键词。这些对于生活中"大美"与"小美"的细致挖掘让我们发现，大家普遍认同美存在于我们的生活之中，它可以是一种感觉、一种状态、一种形式，也可以是一种价值观，这些都将被吸纳到"美在生活"的课程理念与目标中。

通过对教师的深度访谈，我们发现，对于"美""美育"和"美在生活"的认知，教师们更多地停留于理论学习层面。从案例的梳理中也可以看出，大家关注的点比较宽泛，对于"美在生活"的理念如何扎实地落实到实践中，还处于比较迷茫的阶段。对此，我们通过阅读与美育相关的书籍和文献、拓展教师的审美培养方式、夯实和丰富研训内容，来提升教师的理论水平、审美素养和实践能力。

二、寻美，我们一直在路上

（一）共读，实践智慧的来源

读书是教师自身成长的需要，也是催开教育之花的源头活水。教师要提升专业素养，阅读是最主要的发展途径。群体共读相比个体阅读，更有助于发挥学习共同体的优势。在主持人的带领下，有计划、有组织地进行系列阅读活动，可以激发个体深入阅读和思考的兴趣，分享不同角度的见解。在共读一本书的过程中，教师可综合自己与他人对书籍的解读，对自己的教育观、儿童观进行反思，并把阅读书籍的所得运用到实践中。

东方锦绣幼儿园教师共读会的书籍主要包括两类，一类是提升教师审美素养的书籍，这些书有利于大家对"美""美育"等基本概念和理念达成共识；另一类是关于儿童教育的书籍，它们能帮助教师更好地理解儿童的身心发展特征，为实施美育课程奠定基础。

表5-2　共读会教师推荐书单

序号	推荐书籍	推荐理由
1	《谈美》 作者：朱光潜 出版社：华东师范大学出版社	这本书是朱光潜先生于1932年写的一本美学入门书。书中采用书信体的形式，从"要求人生净化，先要求人生美化"的理念出发，顺着美感态度的特性、艺术与人生的联系、美感经验与移情的关系、美感与快感、自然美与艺术美等问题展开，文字明白流畅，充满了真知灼见。
2	《童年美术馆》 作者：李杰 出版社：北京联合出版公司	这本书的作者李杰是在美术馆工作的策展人，他的工作就是美术馆如何真正考虑孩子的需求、融入孩子。此书关注美术馆中的儿童和儿童的美术馆，去寻找那份淡忘的童趣和与孩子共情的能力。
3	《园丁与木匠》 作者：艾莉森·高普尼克 出版社：浙江人民出版社	作者高普尼克是资深的心理学家。书中以大量的进化证据和心理学实验，生动、科学地阐述了"尊重儿童成长规律"的观点，可以让我们一起寻找教育的初心。
4	《罗素论幸福》 作者：罗素 出版社：江苏凤凰文艺出版社	罗素作为一名哲学家，他在思考人生大事——幸福，在阅读的过程中可以与罗素在意念空间聊一聊这亘古不变的话题，去向内关注和察觉当下的自己，从而寻找幸福的源泉，做一个爱生活的人。
5	《马修斯儿童哲学三部曲》（全3册） 作者：加雷斯·B.马修斯 出版社：生活·读书·新知三联书店	我们都听过"儿童是天生的哲学家"这类说法，但为什么有这样的结论？我们可以从儿童哲学的开拓者、哲学家马修斯的《哲学与幼童》《与儿童对话》《童年哲学》哲学三部曲中找到答案，提高自己的哲学素养，学会与孩子对话，从而更加懂得孩子，也更加了解自己。
6	《让每个孩子都发光》 作者：杰伊·马修斯 出版社：中国青年出版社	作者马修斯是《华盛顿邮报》的专栏作家。曾获"普利策奖"的他被盛赞是教育领域中的一线曙光。书中详细记录了创办人创造KIPP学校的传奇经历，分享KIPP如何建立教师和学生之间的伙伴关系，如何帮助学生迎向海阔天空的自信人生，值得我们教育工作者阅读、借鉴。

朱光潜《谈美》共读会

共读书籍简介

朱光潜先生是美学界的泰斗，是我国现代美学的开拓者和奠基者之一，也是第一个在中国广泛介绍西方美学的人，而《谈美》是一本关于美学基本思想的论述，但朱光潜先生以极具亲和力的畅谈口吻代替了严肃的学术语气，用一种明白晓畅的语言层层解析他对于美所坚持的理想。

《谈美》一书共分为十五个章节，主要分为两大部分——"如何欣赏美"以及"如何创造美"。前三章主要围绕"美感是什么"进行了回答和探讨；第四章至第六章则针对"一般人把寻常快感、联想以及考据与批评认为美感的经验是一种大误解"这一问题进行说明；第七章和第八章则针对"自然美"这一概念进行阐释；第九章到第十四章则引导读者"如何创造美"；最后一章则约略地探讨了人生与艺术的关系。

读书会流程

1. 前期个体阅读（2—3 周）

2. 现场共读

（1）主持人介绍《谈美》一书背景与内容概况。

（2）教师各自说说读了这本书后的真实想法。

（3）根据书本的章节分成 15 个小组，两两结对，再次细读各章节的主要内容，在对应章节里找到内容主旨，写在纸条上。

（4）小组代表介绍各自章节内容。

（5）主持人总结梳理。

教师读后感（摘录）

"《谈美》一书中不是在谈深奥的美学，而更像是一本鼓励年轻人去发现美、创造美的书。朱光潜先生在这本书里面所提到的美，也并非完全哲学意义上的审美，而是更多地在探讨自然美、艺术美、人生美，这些我们在生活中看得见、摸得着的美的事物。生活中我们无法忽略美对于人生路上的存在，即便普普通通的身份，都有自己最美的人生。"

"人要有出世的精神才可以做入世的事业，我们如果想要懂得如何去创造美，就要大胆地、大量地去欣赏美。对于创作而言，极重要的灵感就是出自持续不断的、广泛的审美所积攒下来的潜意识活动。虽然艺术的门类繁多，但我们对于美的感受却是相通的。只有多去欣赏美，我们才能在潜意识里面积累足够多的情思，从而碰擦出宝贵的灵感火花。"

"我们中的大多数虽然无法成为优秀的艺术家，但懂得以跳出实用的眼光去'玩味'生活，去欣赏人生，我们也会从这'无所为而为的玩索'中体味到无限的乐趣。《谈美》让我们对美有了重新的认识，而且美就在身边，我们都需要一双发现美的眼睛去欣赏人生最美的艺术品，欣赏人生真善美，欣赏世事故事美，即使美对于我们都不一样，却都是独属于我们的人生艺术品。正如朱光潜先生告诉我们的，慢慢走，欣赏啊。"

（二）观展，提升审美素养

在与幼儿共同创造"美好生活"的过程中，教师需要提升感受美、追求美、展现美的能力。参观各类与艺术相关的展览，是提升教师审美素养的绝佳途径。各类艺术展览能润物细无声地熏陶和感染教师，从而提高教师对美的感知能力，唤起他们对美的追求和创作热情。

在具体实施过程中，幼儿园主要有两种组织方式：一种为以教师为主体的看展活动，另一种则为教师、幼儿和家长共同的看展活动。教师们通过探访各类美术馆和博物馆，寻找美的灵感，感受美的熏陶。通过观展，激发了教师对生活的热爱和源源不断的创作灵感，他们也拥有了和孩子一起挖掘生活美好的专业底气。

表 5-3　上海艺术展馆推荐表

序号	艺术展馆	参观"留痕"	推荐理由
1	艺仓美术馆	时尚印迹：从毕加索到安迪·沃霍尔	艺仓美术馆由险些被拆除的老摆渡煤仓改造而成，极具独特个性艺术感。美术馆以开放的视野引介东西方经典艺术创作成果，是个不可多得的艺术圣殿。
2	西岸艺术中心	凡夫俗子——欧阳春	西岸艺术中心由原来的上海飞机制造厂改造而来，倡导"艺术引领慢生活"的理念，是上海船舶艺术文化的新地标。
3	上海当代艺术博物馆	陈福善作品展	该博物馆通过各领域当代艺术的集中展示，实现当代艺术与设计、文学、电影等领域的兼容并蓄，打造了一个跨媒介、跨学科的艺术综合交流平台，成为上海艺术和创意的激发器。
4	龙美术馆	20 世纪中国画展	龙美术馆是中国迄今最具规模和收藏实力的私立美术馆，可以近距离欣赏历代大师的作品。

 案例

参观"莫奈与他的朋友们"沉浸式光影大展

2023 年 10 月初，上海世博会博物馆迎来了一场特别的展览——"莫奈与他的朋友们—沉浸式光影大展 全球巡回中国之旅 上海站"。这是一次走近大师的绝好机会，教师们带着无限遐想，近距离感受现代艺术史上最迷人的风景之———莫奈与 15 位印象派大师重现法国的无限柔情与浪漫。

"光的诗人"莫奈，是一位跨世纪的追光者，他重塑了光与色彩对生命的意义，将爱、四季、自然、生活以光影科技呈现。在沉浸式观展的过程中，教师们经历了一场视觉与心灵的盛宴。曾经只能在图片上欣赏到的《睡莲》《印象·日出》等经典作品，经过与科技和光的融合，更加全方位地展现出这些艺术作品的魅力。教师们在惊叹这场光影艺术展惊艳的同时，也捕捉到了艺术赋予生活的美好。

在观展中，教师们感叹于艺术大师作品美的同时，也将展览与幼儿园的美育实践结合起来，比如他们从布展方式、技术到观展模式，都有了新的思考。如有一位教师在观展交流时联想到曾经发生在幼儿园中庭花园里的"莫奈花园"的故事：孩子们将一个小泥坑，经过设计—欣赏—再设计—美化—创作的过程，呈现了一个独有的"莫奈小花园"。当时，教师在欣赏环节就给孩子们提供了一些照片和视频，欣赏莫奈作品中的花园的美。如今有这样一个展览，对于幼儿又是免费开放的，幼儿园完全可以组织带着孩子和他们的爸爸妈妈一起，亲临莫奈展览现场，近距离感受莫奈作品的美，在光影睡莲中穿梭，在莫奈的会客厅中坐坐，躺下欣赏莫奈的"日出印象"。

还有一位教师被现场的光影呈现效果深深震撼，尤其是"睡莲镜房"的呈现，柔美的光影和色彩让人沉醉。而利用多媒体技术呈现名画，让人感觉美轮美奂，沉浸其间，即使循环播放无数次，都让人流连忘返。那么，幼儿园的环境呈现是否也能运用光影效果呢？在幼儿园西侧就有三个玻璃长廊，东西通透，是呈现光影艺术的绝佳位置。全息影像呈现作品的方式，也更能吸引孩子的兴趣，科技与艺术的融合，更能让人身临其境……

参观"世纪经典 匠心营造——上海历史建筑风景油画创作展"

2019 年初秋的上海，"世纪经典 匠心营造——上海历史建筑风景油画创作展"在黄浦区中山东一路 27 号的上海久事美术馆亮相。东方锦绣幼儿园教师带着孩子们和家长，一同走近艺术、阅读建筑、感悟历史。参观当天，有专业人士为大家做现场解说。教师和孩子们在共同欣赏艺术作品的过程中，感受到上海建筑的美和油画独有的艺术感染力。在看展接近尾声时，孩子们拿着绘画工具，用稚嫩的笔触模仿大师作品，教师也跟随孩子们一起，用自己的艺术展示方式致敬艺术创作，留下属于自己的"上海印象"。通过这次活动，大家不仅获得了美的体验，更是从另外的视角感受上海建筑的美。

三、成为更懂美的教师

（一）基于需求，搭建研训课程体系

东方锦绣幼儿园的教师团队中，青年教师占比较高。因教育背景不同、专业特长不同，教师群体有着不同的培训需求。美育的课程实践，需要扎实的研究和培训来夯实教师的专业能力。满足教师的真切需求，才是唤醒其专业自觉性的前提。针对幼儿美育的特色活动实践，教师有着共性的困惑。因此，基于教师对于美育实践的困惑和需求，东方锦绣幼儿园设计、梳理相关培训课程资源，开展有针对性的培训学习，归纳形成了包含师德修养、理论解读、美育实践三大模块的二十门课程。

表 5-4　美育特色活动实践培训课程资源

模块	培训课程内容	课程性质
师德修养	做个和美教师——了解幼儿园校园文化	必修
	师德典型引领	必修
	传播美的种子	必修
	守师德，扬正气，铸师魂——让自己成为优秀的教师	必修
	幼儿园教师专业能力及自身修养	选修
理论解读	深入学习贯彻习近平总书记关于教育的重要论述	必修
	《幼儿园教育指导纲要》《0—3 岁儿童学习与发展指南》解读	必修
	新课标、新教改	选修
	看见儿童的发展与学习——基于心理学的视角	选修
美育实践	环境　浸润之美	选修
	美术游戏的材料投放和环境创设	选修
	节庆活动设计	选修
	同一内容在不同形态美术活动中的开展	选修
	美术活动设计	选修
	幼儿发展优先理念下的课程实施——以"幼儿实践体验活动"为例	必修
	快乐歌唱，快乐游戏	选修
	自由恰如风，游戏伴成长	选修
	游戏交流分享中的学习与发展	选修
	美工室的故事	选修
	和儿童在一起生活——花草园生活化课程的主题设计和实施	选修

（二）打造创美工作坊，赋能专业提升

东方锦绣幼儿园作为东方教育集团创意美术工作坊（以下简称"创美工作坊"）领衔园，由园长作为创美工作坊坊主，由拥有多年美育实践经验的保教主任和区骨干教师、玩美工作坊教师作为创美工作坊主要负责人，来自东方教育集团的优秀青年教师一同开展创美工作坊的各项活动。

东方锦绣幼儿园教师根据自己的成长需求，自主报名，通过遴选后，共同参与创美工作坊项目。

1. 创美工作坊理念：研艺术之美，拓创意思维

创美工作坊用群体的智慧诠释活动的精彩，用天马行空的思维描绘教学的创新，用各具风格的审美传递艺术的美学，努力打造助推教师成长的学习共同体。

2. 创美工作坊活动开展形式

创美工作坊的活动开展形式主要有专题讲座、体验式研讨、园际现场观摩、创美活动实践、专题展示等。

3. 创美工作坊目标

（1）遵循科学发展观，不断更新教育观念，以学习、研究、创新素材为重点，提供多元形式的交流互动平台，扎实开展创美工作坊相关学习培训与教学实践，不断提升教师设计、组织与实施创美教学活动的专业能力，积极促进青年教师在个人特色、业务能力、创新意识等方面能力的提升，塑造"乐学、爱问、会研究、敢创新"的新时代幼儿教师。

（2）通过现场观摩、教学展示、专题研讨等方式，与创美工作坊学员们同思考、共实践，促进了骨干教师个人的专业特色发展，青年教师在环境创设、活动设计等方面专业素养的提升。

（3）创美工作坊针对教师的专业需求，以理论积累、观摩学习、实践操作等途径聚焦实践，通过创建学习与实践相结合的平台，激发教师的潜能，优化创美活动设计，探索实践创新，积累方法与策略的获得，提高教师对创新的认识与体验，提升教师的自身审美素养和课程实践能力的发展。

这样的研训，是我们需要的

　　东方锦绣幼儿园三个园区，各自都有一个创意美工活动室，三个活动室的创建存在一定的差异，教师对于活动室内的美育实践活动的组织和指导也存在疑问和困惑。因此，基于教师们的学习需求，幼儿园引进专家资源定期开展研训。

　　从教师们的实际问题入手，设计相关专题培训，再利用幼儿园的创美长廊作为"实验"场域，开展研讨和实践。在创美长廊设计前，每一位参与设计的教师会做一份设计初稿，在集体研讨的时候分享交流，导师直击要点开展指导，总能给教师很多启发。

　　例如，余老师利用长廊转角设计了《江南山水》的活动内容，刚开始的设计提供的材料是平面的吴冠中作品和视频让幼儿去感受，通过感受与欣赏实现模仿，让幼儿绘制作品。导师提出一系列"灵魂拷问"："设计这个活动的教育价值在哪里？这个活动放在活动室操作的价值在哪里？幼儿与材料的互动趣味性、层次性如何体现？"这些问题让参与的教师产生了共鸣，因为这也是大家的共性问题。

　　在后期的脑力激荡中，余老师将平面作品变成了立体的沙盘游戏，幼儿通过沙盘游戏和纸盒建筑，营造江南水乡，鼓励幼儿创意写生、结伴欣赏，用多元方式体验创作过程。

　　这种以个案解剖分享，解决共性问题，现场体验，跟踪式的"样本"研训方式，得到了教师们的一致肯定。每学期末，集团层面会开展成果展示，让更多同行交流，在实践中赋能教师成长。

案例 **2**

奇思妙想运动场

在户外运动场地的攀爬区，日常以攀爬运动为主要活动内容开展，但是如何润物细无声地融美育于户外运动却成为充满挑战性的难题。教师们对于攀爬区域内的游戏实践经历了思维转变—灵感启发—实践创新三个阶段的思考过程，最终为户外美育活动注入了新的活力。

起初，教师们想把创美主题活动"动物世界"延伸至户外，引导幼儿现场创作，但该方案忽视了幼儿的主动性，对绘画不感兴趣的孩子明显动力不足，且游戏内容更适用于室内，户外开展的优势不明显。

带着困扰，教师们请导师结合场地、材料予以指导。导师引导教师观察场地、材料，圆形的轮胎、直线型的梯子、木板以及方正的木箱正好和艺术创作中的点、线、面相对应，何不大胆一些，来一场"尼尔叔叔"式的大型艺术创造秀？孩子们可以在运动器械上用喜欢的方式任意粉刷，再自主设计拼搭勇敢者道路，在运动中享受美！导师的话令教师们茅塞顿开。小朋友们创意无限，甚至会用梯子充当头发、轮胎作为眼睛，原本沉闷的区域瞬间变成艺术创作的舞台，他们在运动场中充分表现美、感受美。

站在攀爬架的不同高度，幼儿视角会发生变化，于是观摩活动后导师再次启发：何不把每个视角都拍摄下来，实现平面创作和立体拼搭的双向互动？幼儿既可以把看到的造型画下来，又可以主动尝试把拼贴画转换为立体拼搭，再次激发思维活力。

奇思妙想运动场在研讨中持续迸发教育新动能，导师一对一地跟踪式指导，鼓励教师们转变思维，大胆创新，使教师们收获各种启示。户外美育探索须跳出固有教育理念框架，由点及面、由浅至深，在尝试中不断创新，发掘美育的更多可能性。

第二节　"合美"家园，共育美好

　　合是共育，美是渗透。东方锦绣幼儿园创设互动、分享、合作的家教氛围，搭建多元的沟通平台，拓展丰富的家园活动，将美育渗透于生活，家园联手形成合力，共建"合美"家园。在"幼儿发展优先"的理念引领下，幼儿园与家长共同探讨科学的育儿理念、实用的教育方法，突破场域限制，探索家长参与美育的创新途径，共同为幼儿构建一个科学有效、健康快乐的成长环境。

一、调研分析，共创美育愿景

　　学校、家庭美育愿景的制定要聚焦幼儿审美素养的培养，依据幼儿审美能力的个体差异，贴近儿童生活，力求与家长达成一致的美育愿景。而这需要通过积极沟通、有效互动、民主研讨的方式，让幼儿园的办园理念和目标，逐渐得到家长的认可，并愿意一同憧憬幼儿未来的发展，与教师形成学习共同体，共创课程愿景，促进幼儿审美情趣的提升及综合能力的发展。

　　幼儿园前期以"美在生活"摄影活动的形式，开展调研，请家长通过作品来表达对于"美在生活"理念的理解，收集到近 600 份作品，分析结果如下：

　　1. 家长普遍认同"美在生活"的理念，认为生活中处处都有美，能从身边的美着手，让幼儿感受、欣赏和创造美。

　　2. 多数家长对于美的理解，局限在艺术创作、自然美景、美食等方面，认为只有画画、弹琴、跳舞等与艺术相关的才能培养幼儿的审美素养，想法相对狭隘。

3. 多数家长缺乏对幼儿在生活中美育的实践指导能力，美育实践资源较少。

4. 家长本身对自己的艺术修养缺乏自信。

基于以上分析，幼儿园需要制定相应的家长学校课程，为实现有效的家园互动奠定扎实基础。

二、多元互动，共探美育路径

（一）"智慧父母课堂"

"智慧父母课堂"是基于东方锦绣幼儿园美育理念与培养目标而开设的家长学校。幼儿园从家长的问题与困惑入手，以专家讲座、家长沙龙、案例分享等不同形式向家长传递家庭教育知识，帮助家长转变教育观念，改进教育方法，提升家长审美素养。"智慧父母课堂"成为东方锦绣幼儿园美育课程实践中家长工作的特色抓手。

表 5-5 "智慧父母课堂"部分线上课程

趣制作	慧阅读	乐运动	走近大师
足球小将	亲人和爱	协调性	胡安·米罗
美丽的发夹	春天	速度训练	毕加索
踏青郊游	植物	纸的 N 次方	齐白石
母亲节快乐	母亲节的爱	纸杯动起来	达·芬奇
玩出不一样的快乐	妈妈买肚兜吗	稍息、立正、做操啦	克劳德·莫奈

宝宝营养室	宝宝健康室	心理驿站
小小盘中餐，文明大世界	舞动小画笔，构筑健康生活	益智 IQ&EQ
小餐桌上的大学问	点亮"睛"彩"视"界	游戏提升习惯
谷雨节气美食	快乐过暑假，健康不放假	幼升小，你准备好了吗？
小满节气美食	"爱牙日"——口腔健康，身体健康	做一个智慧爸爸
夏至节气美食		

表 5-6 "智慧父母课堂"部分线下课程

常规实践活动	特色实践活动
情满童心，献礼祖国（国庆节）	爸爸妈妈俱乐部
很"哇塞"的一天（六一）	父母老师
呀，这是我喜欢的秋天（秋游日）	家长沙龙
欢乐迎新年，趣玩帽子秀（元旦）	校园寻美的一天
着汉服·品年味儿（春节）	大师秀系列艺术创想专场

案例

校园寻美的一天

活动地点：幼儿园

参与对象：全体教师；家长与幼儿（自主报名参加）

活动组织：家委会、家长代表、教师、幼儿

活动缘起：美，随处可见。幼儿园的美一直都在，孩子们作为东方锦绣幼儿园的小主人，自然要邀请爸爸妈妈们一起，大手牵小手，参与亲子游戏，打卡各个美的角落，将幼儿园充满创意的美丽足迹逐一寻找。

活动流程：

（1）家委会和家长代表与学校共同商量相关活动内容，确定活动方案，准备相关活动物资。

（2）幼儿和教师前期拍摄、整理自己心中的幼儿园"最美打卡地"，作为当天的秘密任务。

（3）当天活动安排：

① 自绘 T 恤，创意无限。在亲子 T 恤 DIY 环节，爸爸妈妈们的创意潜能被无限挖掘。

② 亲子运动，妙趣横生。亲子运动，各显其能，增进了亲子关系，

记录下美好一刻。

③ 团队合作，打卡美的足迹。5—7 人组成一个团队，带上任务卡，寻找幼儿园美的足迹，用相机记录下美的瞬间。完成任务者能得到本次活动的最高奖励——一枚东方锦绣幼儿园的特制小徽章。

通过本次活动，幼儿园收获了很多家长的正向反馈。他们在感受到身边美好的同时，发现在亲子互动过程中，孩子学会了团队协作，感受到了团队的力量，这份充满美和爱的回忆将永远留在心中。

（二）"爸爸妈妈俱乐部"

经过前期"父母老师"活动的探索和资源积累，打破班级、年级界限的"爸爸妈妈俱乐部"成立了，以社团的形式开展活动，通过预约制参加社团活动。俱乐部由家长担任部长组建小队，共同商量、设计活动内容。东方锦绣幼儿园进一步发挥爸爸和妈妈的角色特点，形成了资源型、专长型、陪伴型三种类型的活动。

1. 资源型活动：通过发挥家长的资源优势，为幼儿带来不同的学习体验。如观摩 C919 大飞机，让幼儿近距离地接触到飞机，模拟飞机驾驶，听听机长的故事，等等。

2. 专长型活动：通过发挥家长个人专长，丰富幼儿的活动类型。如爸爸俱乐部开启运动、科学、自然领域的活动；妈妈俱乐部开启生活、阅读等领域的活动。

3. 陪伴型活动：邀请部分家长参与幼儿一日活动中，陪伴幼儿参与阅读、游戏等活动。如爸爸妈妈讲故事，每周可以邀请爸爸或妈妈来园，和孩子们在图书室内阅读、讲故事。家长在轻松的氛围中，陪伴幼儿看图书、讲故事，增进亲子感情，培养阅读的习惯。

表 5-7 "爸爸妈妈俱乐部"活动内容节选

资源型活动	专长型活动	陪伴型活动
观摩 C919 大飞机	花卉艺术	读书漂流
地铁安全讲堂	我是一名小陶工	寻美
一日消防员	节日烘焙烹饪	爸爸妈妈讲故事
认识身边的蝴蝶	乐器认识演奏	卡通游园会
安全用电小达人	机器人和人工智能	泥巴厨房
各种各样的钱币	植物敲拓染	奇妙放映机
太空探索	创意杯垫	秋游日活动
	彩绘搪瓷杯体验	
	有趣的马赛克	

（三）育美研究社

在教师与家长共同设计家庭育美活动的前提下，通过圆桌会谈、情景模拟、线下参观等，让家长在实践中细化家庭育美的策略，提升家庭育美的实效性。例如，组织 2023 年 2 月家庭美育课程 UCCA Edge 春季大展"不安的绘画"线下参观活动，让家长们在教师的引领下，在主动倾听孩子们对于画展感想的情况下，认同孩子们的审美观。孩子和家长的学习方式是不同的，线下观展可以结合孩子独特的学习方式，通过教师的引导，帮助家长与孩子"真"互动，点燃孩子们的探索欲望，引导他们在好奇心的驱动下自主开展深度学习。一同前来的家长们也可以通过馆内的指引，学习高质量陪伴孩子的方法。

表 5-8 2023 年上半年东方锦绣幼儿园育美研究社活动开展情况

东方锦绣幼儿园育美研究社活动内容（以 2023 年上半年为例）
2 月家庭美育课程——UCCA Edge 春季大展"不安的绘画"（线下参观）
3 月家庭美育课程——三月芳菲，灼灼韶华（圆桌会谈）
4 月家庭美育课程——春日美好（情景模拟）
5 月家庭美育课程——小满未满自安然（情景模拟）

案例	
1	**"咔嚓"发现身边的美**

　　"美在生活"的幼儿美育样态，倡导源于幼儿生活经验的美，在共创美的经历过程中，支持幼儿建构一个个完满的经验。那么，如何邀请家长一起经历这场美的体验之旅呢？

　　在与家长第一次组织关于"美在生活"沙龙讨论时发现，每个人对于美的理解各有千秋，于是大家就想将自己生活中捕捉到的美的人、事、物用拍照的方式记录，变成照片进行诠释，就有了这场"'咔嚓'发现身边的美"的摄影活动。

　　家长们参与活动的热情高涨，幼儿园收集到了 600 多份作品，将作品进行汇总，并依据家长和孩子们寻找到的"美"，大致分成了四类：生活之美、自然之美、艺术之美和人文之美，形成数据分析。

　　每个人对于美的理解不同，阐释的作品含义也会不一样。有表现自然之美的花、草、树、木、夕阳、大海等，也有表现艺术之美的绘画作品、手工艺品、观展大师作品等等，还有表现人文之美的"辛苦的核酸检测医务工作者""打扫卫生的环卫工人""爱劳动的孩子"等，有些作品的诠释甚至结合了多种维度。

　　而孩子捕捉到的镜头会更加直接和近距离，例如自己爱吃的冰激凌、最喜欢的动画片人物、花园里的蝴蝶、自己的小自行车、过生日的蛋糕等等。他们对于美的理解和表达也来自生活经验。因此"生活之美"和"自然之美"的占比最高，原先预想"艺术之美"会最高的可能性则没有发生。而对于人文之美的诠释，相对关注得较少。

　　这次活动的尝试，也让教师欣喜地发现，孩子、家长一起去发现、欣赏、记录生活中关于美的人、事、物的过程中，家长的理解和幼儿园的课程理念不谋而合：美是基于生活的，美是在生活中的，美是小到一草一木、一饭一食、一举一动。生活时时处处皆蕴藏着美育的契机。

这样的家园美育共研，能让家长在参与活动的过程中切身体会和感悟幼儿园的课程理念，并达成共识，为后续课程的深入实践奠定扎实的基础。在后续活动中，家长鼓励孩子用相机记录所发现的美好瞬间，幼儿也带上儿童相机去记录幼儿园的"小美好"，每一次的发现之旅都在班级圈中引起热烈讨论。慢慢地，发现美、诠释美成了一种习惯。

案例 2　　亲子共创，让环境有了更多可能

生活中时时处处都蕴藏着美育的契机，幼儿园的环境发挥着隐性教育的功能。在每一次邀请家长进园参与活动时，他们都会惊叹于幼儿园的每一个充满艺术、创意和童趣的环境，忍不住进行拍照。其实，在育美研究社也有一群热爱生活、擅长艺术创作的隐藏高手。

经过假期的环境调整，幼儿园的户外场地发生了翻天覆地的变化。2023 年 9 月底的家长会上，爸爸妈妈在孩子们的带领下走进了幼儿园，亲眼瞧一瞧孩子们口中所说的橘林、林荫小道、泥巴乐园、中庭花园……而环境中的许多留白的地方，引起了部分家长的关注。特别是户外卫生间旁的洗手池，呈现的是白水泥砌成的原始模样，在得知孩子们想要自己装饰水池时，他们也想共同参与进来，于是一场亲子手绘洗手池的活动就产生了。

这些"高手"家长们和教师、孩子一起讨论设计想法，确定绘画主题和主色调如何与周围环境融合，在多份设计稿中选出了最佳方案。在一个阳光明媚的午后，家长们带上美术工具和材料，和孩子一起，用丰富的色

彩、多变的线条、多样的材料来表现他们对于美的理解，打造出了一个个夺人眼球的、独一无二的洗手池。

通过本次活动，家长不再是以欣赏者的角色参与幼儿园的美育教育活动，而是成为参与者。当家长主动"卷"入幼儿园的课程实践后，他们更能理解幼儿园的课程理念。在后续研讨中，家长说到，当孩子到户外商场时，会不自觉地关注洗手池的设计，甚至骄傲地说："我觉得我们幼儿园的洗手池更漂亮。""高手"们的想象力再一次被激发：幼儿园门口的洗手池是否也能做创意改造呢？

瞧，这样的育美研究社活动，让家长们深切体会到，美育无处不在，美育时时都可开展。

第三节　场馆联动，打造美育体验场

相较于幼儿园美育，城市中的文化艺术场馆提供着更加真实生动、多元整合和自主开放的美育环境。这些文化艺术场馆不仅具有丰富多彩、跨领域整合的馆藏资源，还特别注重以参访者为中心，聚焦参访者的兴趣和意愿进行策展和布展，这样做能够有效强化互动体验学习、潜移默化地熏陶。文化艺术场馆具有明晰的策展理念、专业的馆藏文物和艺术的呈现方式，有利于提升美育活动的自我导向和自主实践水平，激发由内而外的深度学习的发生和整体融合的审美经验的建构。

文化艺术场馆作为幼儿美育的拓展体验场，有如下特性：

首先，文化艺术场馆具有形象性。不论是美术馆、博物馆还是音乐厅，其中迎面而来的就是具有强烈融入感的场馆陈列实物，有利于幼儿生动直观地感受陈列品的艺术魅力，并吸引他们运用多感官探索陈列品蕴藏的文化密码。

其次，文化艺术场馆具有情境性。不同类型场馆的主题设定、文物展览和环境布置均由专业人员精心设计和周密安排。置身于这样真实可感、氛围浓厚、丰富多元的文化空间中，能够有效激发幼儿的审美情感，加强幼儿的审美体验，增进幼儿的文化理解。

最后，文化艺术场馆具有互动性。随着信息技术的发展，文化艺术场馆作为公共教育载体，已经逐渐从以往静态化的专业展示和灌输式的讲解服务转向互动式的主题展览和个性化的趣味讲解。有些场馆还设有专门的互动体验区，与幼儿好奇爱玩和乐于探索等身心发展特点相吻合。

在这样的时代背景下，幼儿园如何通过馆校联合等方式，以更加开放和积极的姿态，整合利用社区周边多元的美育资源，共同构筑良性互动的社会美育格局就显得尤为关键。东方锦绣幼儿园与社区文化艺术场馆充分联动，梳理文化艺术场馆资源库，将松散的美育资源转化为具体的课程内容，以幼儿园、家庭和社会三方联动的方式为幼儿创设良好的美育活动体验场，为幼儿提供开放互动的、实践体验的、可持续延展的美育环境，引领幼儿以身体之、以心验之，拓宽幼儿的审美视野，丰富幼儿的审美体验，让幼儿在生活实践、同伴互动、自我探究中获得美的启蒙。

表 5-9 园家社资源生态圈一览表

序号	社区资源	资源链接	拓展内容
1	金桥碧云美术馆	艺术实践活动；艺术讲座；移动展览；小小讲解员；艺术布展等	（1）幼儿主题式布展 （2）公益类活动 （3）志愿者活动 （4）家长讲座
2	浦东新区城市规划和公共艺术中心	公共艺术展示；科普教育；规划展示	（1）参观浦东故事展览 （2）科普教育讲座

序号	社区资源	资源链接	拓展内容
3	中国商用飞机有限责任公司总装制造中心浦东基地	浦东基地实地参观	（1）近距离观摩飞机 （2）飞机模拟舱试飞 （3）听工程师讲解
4	上海久事美术馆	艺术展览	（1）现场观展 （2）依据展览内容，由专业人员讲解互动
5	锦绣文化公园	自然环境	露营、野餐、写生等
6	浦东图书馆	现场阅读；主题类讲座；亲子阅读活动；等等	（1）家庭教育专题讲座 （2）小小志愿者 （3）亲子阅读活动
7	地铁13号线华鹏路站	乘地铁安全知识宣传；感受地铁文化	（1）参观地铁站 （2）了解地铁乘车安全知识 （3）熟悉地铁线路
8	大华社区	各类社区活动	（1）节庆活动表演 （2）公益献爱心活动 （3）送教上门活动
9	上海东方电视台	艺术类活动参演	（1）参观电视台 （2）艺术展演 （3）《画神闲》节目主持人到园互动

案例 金桥碧云美术馆艺术链接计划

金桥碧云美术馆是东方锦绣幼儿园社区共建单位之一。在制定共建协议时，幼儿园以整合校内外资源开展美育实践活动，共同探索美育教育形式为背景，明确了双方的合作原则——互补优势、整合资源、友好合作、共同发展。通过参与美术馆的艺术实践活动，在真实场景下提高幼儿的审美素养和人文素养。

金桥碧云美术馆的活动形式多样，也不乏一些适合幼儿园阶段的活动。例如，在金桥碧云美术馆的邀请下，双方一起发起了一场名为"再见好朋友"的公益活动。家长们了解这次活动的价值后，和孩子们共同搜集整理"旧玩具"，并报名参加亲子彩绘活动——用废旧材料亚克力盒子打造玩具的"新家"。家长和孩子在共同创作的过程中，想象着玩具们会带着孩子们的爱心，找到自己的新家，认识自己的新主人。

这样的社区活动链接方式，既融入了美育的价值和特色，同时也让家长和孩子体会了公益献爱心、环保的意义所在。之后，当家长和孩子共同到现场观展的时候，也会支持自己的作品，并为自己能为贫困地区的孩子奉献绵薄之力而感到欣慰和自豪。这样的活动在孩子心中播下了爱的种子。

幼儿园与金桥碧云美术馆的链接活动还在持续，有"艺术疗愈"相关的教师培训和课程实践、有适合亲子共赏的优质演出、双方一起协作办展等。有了金桥碧云美术馆的协作和支持，幼儿走出幼儿园开展美育实践活动有了更多的可能性，开拓了更多的形式。

幼儿美育是一项育人的奠基工程和系统工程，我们需将幼儿美育浸润到学校教育、家庭教育和社会教育的所有过程和方方面面，并将其视为综合的、整体的、持续的教育，通过幼儿园、家庭和社会共同建构美的视域以帮助幼儿开启美的视野。当幼儿的生活、游戏和学习都能常常与美、诗意相逢时，美育就在潜移默化中实现了对幼儿幸福成长的润泽与成就。

参考文献

［1］弗里德里希·席勒.审美教育书简［M］.冯至，范大灿，译.上海：上海人民出版社，2022.

［2］王国维.论教育之宗旨［M］//王国维文集：第三卷.北京：中国文史出版社，1997.

［3］蔡元培.以美育代宗教说［M］//蔡元培全集：第七卷.杭州：浙江教育出版社，1997.

［4］李季湄，冯晓霞.《3—6岁儿童学习与发展指南》解读［M］.北京：人民教育出版，2013.

［5］吴丽芳.学前儿童美育的和谐共生与诗意行走［J］.福建教育，2022（38）.

［6］中共中央办公厅，国务院办公厅.关于全面加强和改进新时代学校美育工作的意见［EB/OL］.（2020-10-15）［2023-08-15］.https://www.gov.cn/zhengce/2020-10/15/content_5551609.html.

［7］杜卫.美育论［M］.北京：教育科学出版社，2000.

［8］金雅，郑玉明.美育与当代儿童发展［M］.杭州：浙江少年儿童

出版社，2017．

[9] 楼昔勇．幼儿美育［M］．上海：华东师范大学出版社，1992．

[10] 洪维．美学基础与幼儿美育（第二版）[M]．上海：复旦大学出版社，2017．

[11] 王飞．以美育人：幼儿园美育的综合视域［J］．学前教育研究，2022（6）．

[12] 陈鹤琴，北京市教育科学研究所．陈鹤琴教育文集［M］．北京：北京出版社，1983．

[13] 陈鹤琴，北京市教育科学研究所．陈鹤琴全集：第四卷［M］．南京：江苏教育出版社，1991．

[14] 约翰·杜威．艺术即经验［M］．高建平，译．北京：商务印书馆，2005．

[15] 曾繁仁．美育十五讲［M］．北京：北京大学出版社，2012．

[16] 沈小玲，黄丽娜．向美而生　向美而行——幼儿园户外空间资源的审美化利用［J］．幼儿100，2022（48）．

[17] 李杰．童年美术馆［M］．北京：北京联合出版公司，2021．

[18] 胡华．"儿童视角"下幼儿园环境创设的思考与探索——以中华女子学院附属实验幼儿园为例［J］．中国教师，2021（2），84-87．

[19] 胡华．给童年"留白"［M］．北京：北京师范大学出版社，2023．

[20] 戴维·伯姆．论对话［M］．王松涛，译．北京：教育科学出版社，2004．

[21] 克莱尔·格罗姆．心理学家看儿童艺术［M］．石孟磊，俞涛，邹丹，译．北京：世界图书出版公司，2011．

后　记

　　《美在生活：幼儿美育的创新实践和探索》一书是东方锦绣幼儿园近十年课程探索的结晶，也是参与上海市提升中小学（幼儿园）课程领导力行动研究（第四轮）的阶段性研究成果。对于一所自 2010 年开办至今的幼儿园而言，参与上海市课程领导力项目对发展高质量幼儿园建设有着举足轻重的影响。在这短短一年时间中（2023—2024 年），虽然该课程领导力项目还处于研究初期，但是东方锦绣幼儿园无论在课程的品质，还是在师资队伍的专业素养培养方面，都已获得了更新和提升。

　　在本书中，我们探讨了美的本质，以及如何在幼儿的一日生活中发现美。通过一系列实例和故事，我们揭示了美并非遥不可及，而是无处不在，只需用心去感受，即能发现身边的美好。

生活中，美的表现形式多种多样。它有时体现在一幅画作中，有时则隐藏在一首诗里。美的身影还出现在生活、艺术，乃至大自然的每一个角落。通过这本书的阐述，希望读者能和孩子一同发现美、欣赏美、表现美、创造美，学会用自己的心灵去感知生活中的美。

美在生活的每一个角落，只要我们用心去寻找，就能发现它的存在。让我们珍惜每一个美好时刻，让生活变得更加美好。在这个过程中，我们不断成长，收获无尽的喜悦。愿这本书成为你寻找美的指引，陪伴你一同发现生活中的点滴美好。

在项目实施过程中，感谢上海市静安区安庆幼儿园温剑青园长，上海市浦东新区冰厂田教育集团理事长、冰厂田幼儿园姚健前园长，以及其他参与指导实践的导师。当我们置身于实践的迷雾中时，各位专家的智慧之光犹如灯塔，指引我们驶向豁然开朗的彼岸。

"美在生活"的理念将推动我们继续探索这一美的世界，而这本成果是对我们现阶段和孩子们共同发现生活中美好片段的记录，也是对我们实践过程中一些思考和经验的记录。整个编写团队在探索的过程中共同实践、一起成长。陈丽静老师和周晨晨老师，共同参与了这本书的主要架构、编排和审稿工作。为本书提供实践案例的教师（排名不分先后）：包括金彩云、张金贤、张依婕、张慧燕、徐雯、范丽萍、周薇玮、施佳玥、吴蔚、倪灵阳、李欢、唐秋缘、王雪梅、庄庆、宋悦、田安妮、汪攀蓝、周志婷、康天琳、张珠慧、孙慧、胡婷等在一线积极实践和探索的老师们。

正是你们的努力，让我们看到了美育之于幼儿发展的力量，是促进儿童当下和未来完整人格的发展。我们希望东方锦绣幼儿园的每一个孩子都能成为"生活的艺术家"，以积极的生命状态面对生活，时时发现生活中的点滴美好。在未来的日子里，我们将继续在生活场域中探寻更多美育的可能性，让美润泽幼儿的心灵，让美好伴随幼儿的一生。虽然我们很努力地投入本书的编辑，但是能力有限，若有不足之处，恳请各位专家与读者批评指正。

图书在版编目（CIP）数据

美在生活：幼儿美育的创新实践和探索 / 周敏莉
著. — 上海：上海教育出版社，2024.4
ISBN 978-7-5720-2575-4

Ⅰ.①美… Ⅱ.①周… Ⅲ.①美育－教学研究－学
前教育 Ⅳ.①G613

中国国家版本馆CIP数据核字(2024)第066752号

策划编辑　刘美文
责任编辑　王　璇
封面设计　周　亚

美在生活——幼儿美育的创新实践和探索
MEI ZAI SHENGHUO——YOU'ER MEIYU DE CHUANGXIN SHIJIAN HE TANSUO
周敏莉　著

出版发行　上海教育出版社有限公司
官　　网　www.seph.com.cn
地　　址　上海市闵行区号景路159弄C座
邮　　编　201101
印　　刷　苏州工业园区美柯乐制版印务有限责任公司
开　　本　700×1000　1/16　印张 13
字　　数　166 千字
版　　次　2024年5月第1版
印　　次　2024年5月第1次印刷
书　　号　ISBN 978-7-5720-2575-4/G·2269
定　　价　98.00 元

如发现质量问题，读者可向本社调换　电话：021-64373213